어머니의 감자꽃

어머니의

잠별하게 가슴이 후벼 와
바람 부는 오솔길에서
찬란하던 사랑의 추억에
속눈썹을 적시던
어머니

김 연 옥 시집

도서출판 천우

시인의 말

첫 시집을 낸 지 10년, 그 이후 내내 사진에 미쳐 밤이나 낮이나 카메라 메고 전국을 누볐다. 그리고 해마다 생일날이면 여행을 떠났고, 어떤 때는 매달 여행을 떠날 때도 있었다. 시인이 시는 쓰지 않고 다른 데로 신경 쓰니 두 번째 시집이 너무 힘들었다. 그러다 보니 심장병만 얻어 시는 제쳐 놓고 병원에 다니는 일만 생겼다. 지금까지….

우연한 기회에 월간 『문학세계』를 통해 시를 보내다 보니 시를 쓰고 싶은 마음이 다시 생겼다.

두 번째 시집은 제1부 '꽃들의 함박웃음', 제2부 '비늘 세운 바다는 남빛으로 흐른다', 제3부 '계절의 수레바퀴', 제4부 '우리들의 작은 풍경', 제5부 '세상은 넓다' 이렇게 총 다섯 부로 구성했다.

제5부 '세상은 넓다' 에서는 여행 가는 곳마다 중요한 점만 찝어서 쓰다 보니 기행문이 되었다. 조금 긴 문장은 불편하겠지만 독자들이 잘 읽어주길 바란다.

2017년 2월

김연옥

제 1 부

꽃들의 함박웃음

● 시인의 말

제2부

비늘 세운 바다는 남빛으로 흐른다

제3부

계절의 수레바퀴

제4부

우리들의 작은 풍경

제5부

세상은 넓다

제1부

꽃들의 함박웃음

동백꽃

눈길만 주어도 상처 받을 것 같은
동백꽃의 천년의 사랑
안개 자욱한 해안가 절벽에서
눈을 맞고도 불꽃같은 사랑을 태운다
그대 향한 사랑과 그리움이 선홍빛
켜와 결이 되어 윤기 흐르는
이파리마다 비탄의 편지를 새긴다

봄꽃 같은 짙은 향기가 없어
그리움을 님에게 전할 수는 없지만
꽃분을 나르는 저 동박새가
소인 없는 편지를 전해준다

아, 활짝 웃어 보지도 못한 채
세상의 엇박자를 한탄하며 은장도 품은 듯,
빨간 치마를 뒤집어쓴 채 저 아득한
낯선 공간으로 눈물 흘리듯 뚝 하고 떨어지는
고독한 사랑의 동백꽃이여!

나팔꽃 사랑

이른 새벽, 이슬을 수정처럼 달고
깊은 잠에 빠진 뭇 꽃들을 깨우는
아련한 나팔소리

몸을 왼쪽으로 비틀며 가느다란
꽃대를 칭칭 감고 기어오르는
저 끝없는 열정을 보라
그러나 꼭짓점에 오르면 저렇듯
끈질긴 사랑도 조각조각 흩어지는
하루만의 작별이라네

그대여, 가슴 깊이 그리움만 쌓이던
우리의 사랑도 너무 슬퍼하지 마라
이루지 못한 사랑은 아름답고 화려한
비탄이지만, 완성된 사랑은 넝마처럼
너덜너덜 떨어져 남루하고
까만 응어리로 남지 않을까?

은방울꽃

아침 고요가 내려앉은 숲속,
타원형 넓은 이파리 뒤에서
아침 이슬처럼 올망졸망 매달려
세상의 혼돈과 어둠을 지우며
새벽을 알리는 평화의 종을 치네

오늘도 수줍고 청순한 님을 위해
가슴 터지도록 이름을 부르며
음계를 밟듯 요정의 사다리로
한 계단씩 오를 때마다 멘델스존의
차분한 음악이 들리는 듯하네

이젠 세월의 뒤안길로 사라진
성당의 종소리가 저리도
은은하고 아득했을까

어느새 망각의 뻘 속에 묻혀
추억이 된 차임 핸드벨 소리
하루를 열던 성당의 종소리처럼
은방울꽃끼리 바람에 흔들리며
숲속 오케스트라를 연주한다네

담쟁이덩굴

길고 팽팽한 자일을 하늘로
쏘아 올리며 손에 손을 맞잡고
먼 길 나선 담쟁이의 행렬

땀처럼 송골송골 맺힌 아침 이슬과
햇살을 머금고 난공불락의
장애물을 헤치며 하나하나
점자 만지듯 산고의 세월을 더듬는다

가파른 벽을 탈 때마다 찍어 놓은
손금 자국은 담쟁이의 힘찬 문양
지나가던 거친 바람이 아무리
맞잡은 손을 흔들어도 손깍지를
놓지 않는 끈질긴 사랑

아, 우리 인생도 시간의 궤도에서
삶의 수레바퀴를 힘겹게 돌릴 때
두 손을 꼭 잡아 주는 친구가 있다면
욕망과 초조함으로 얼룩진 깊은 상처도
세상의 푸른 동맥 속으로 녹아들 게 아닌가

부레옥잠화

연못마다 보랏빛 꽃들이 단 하루의
사랑을 위해, 천년이나 사랑할 것처럼
공방을 부풀려 신전을 만들고 부평초처럼
물 위를 떠돌며 하늘빛으로 웃는다

심장을 닮은 푸른 잎에 광택을 내며
바람이 부는 대로 부레로 노를 젓는다

6개의 꽃잎 중에 유독 꽃잎 하나에만
짙은 보라색 줄무늬에 노란 등불을 달고
노을을 바라보는 건 그대 그리움 때문일까
우리의 마지막 삶도 저렇듯 보랏빛
정염을 태우며 활짝 웃을 수 있을까

메밀꽃

가녀린 꽃대궁 쳐들고 현란하게
눈꽃을 쏟아 내는 메밀꽃 퍼레이드
한낮에도 초롱불 밝히며 하얗게 웃다가
달빛 쏟아지는 밤엔 바람의 장단에 맞춰
밤새껏 황토색 노래를 부른다

멀미처럼 가물거리며 추억을 불러 모으는
이효석 생가의 불빛 속에 여전히
물레방앗간에서 흘러 나올 듯한
옛 연인들의 애틋한 사랑 이야기도
봉평 들녘을 덮어 버린 메밀꽃 향기에
묻혀 버리고, 하얀 그리움마저 떠나면

밤하늘에 메아리로 퍼질 메밀묵 장사의
애절한 목소리만 슬픈 노래처럼 들리겠지
세월의 뒤안길로 점점 멀어지는
메밀묵 사려… 목소리만

풀꽃의 노래

밤새도록
풀벌레 소리 들으며
별 그림자 쫓다가
아침 햇살에 잠이 깬 풀꽃

작은 벌이 꽃분을 날라주고
바람의 날개에 묻혀 온
꽃향기로 외로움을 달래지만

짓밟히고 짓밟혀
풀 비린내 나는 슬픔에
갓 속세에 나온 수도자처럼
다시 눈을 감는다

이젠 스산한 바람이
수북이 쌓아놓은
가을 낙엽 속에 누워
마른 몸으로 앓는
멍든 풀꽃의 노래

등꽃이 필 때면

꽃향기가 안개처럼 대지를 덮어버리는
이맘때가 되면 오래 전에 비워버린
망각의 잔에 다시 보랏빛 그리움이 넘쳐
등나무 시렁 아래로 마구 흘러내린다

바람에 들뜬 꽃송이들이 연주하는
소나타의 선율은 묵은 포도주처럼 곰삭아,
마음의 빗장마저 녹이 슬어버린 내 가슴을
이렇게 터질 듯 설레게 하는데
그대여, 저렇게 그리움과 그리움이 포개져
쉼표 없는 악보처럼 오른쪽으로만 감겨
올라가는 건 이루지 못한 사랑 때문이 아닐까

어긋나기만 해서 늘 아쉽던 우리의 지난 사랑도
숨 막히는 저 위스테리아 향기 속에 걸어 둔다면
잃어버린 시간의 강을 다시 건널 수 있을까

그러나 겸양의 미덕을 쌓은 듯 아래로만
고개 숙이는 등꽃의 무언의 가르침에
우리도 욕망과 아쉬움을 모두 털어내고
낮은 자세로, 그렇게, 그렇게 살아야겠지

금낭화

어긋난 사랑이 너무 아파
선혈이 흐르는 듯한
심장 움켜쥐고
그대를 불러봅니다

예정에도 없는 이별로
눈도 멀고 귀도 막혀
아직도 인연의 강을
건너지 못하는 그대여

만나면 들려 줄 숱한 이야기
담홍색 주머니 속에
차곡차곡 접어 넣어도
자꾸만 흐르는 하얀 그리움

그대 못 잊어 꽃대 위에 앉아
눈물을 감추려 고개 숙이면
성근 바람이 달려 와
그네처럼 흔들어 줍니다

자운영꽃 필 때면

숨 막히는 푸른 융단 위에
자수정 알알이 박아 놓은 듯
자운영꽃이 필 때면
세월의 동아줄에도 녹슬지 않고
후회 없는 사랑을 주던 그대가 그립다

푸른 보리밭과 함께 물결치는
저 보랏빛 꽃 위에서 꿈속인 양
꽃 멀미를 하는 맨발의 발레리나,
꿀벌과 나비의 너울대는 풍경은
그대에게 주고픈 한 장의 그림엽서

그러나 가을에 왔다가 봄에 떠나는,
살아서도 죽어서도 잉걸불처럼
뜨겁게 자신을 태워 거름이 되는
홍자색 자운영의 사랑은
차라리 싸한 슬픔이다

먼 곳으로 떠났지만
여울처럼 맴도는 그대 사랑처럼

바람개비꽃, 마삭줄

돌담에 기댄 푸른 덩굴,
초록 바탕의 캔버스에
하얀 바람개비꽃들이
별처럼 흩뿌려져 있다

묵은 시간은 바람 속에 날리고
차곡차곡 내려앉는 세월이
바람개비처럼 돌아간다

하늘과 숲이 빚어낸 5장의
꽃잎이 와이드스크린처럼
펼쳐져 황홀하고 눈부신 해가
바람 숨소리에 깨어난다

그대 오시는 길에
짙은 꽃향기 뿌려 놓지만
곧 올 것 같은 그대 기다리다
하얀 유액 같은 눈물만 흐른다

개나리

키가 껑충한 낯선 바람이
등 뒤에 녹색 이파리 감춘 채
노란 꽃등만 흔들며
맨발로 시린 들판을 걸어온다

꽃잎 깃마다 아침 이슬 매달고
겨우내 곰삭은 물감으로
세상을 온통 노랗게 물들이며
환희의 종소리 크게 울려
산과 들을 깨우는 금종화, 개나리

허지만 오자마자 떠나야 하는
토막잠 같은 짧은 운명에
하늘 한 조각을 떼어
물기 젖은 눈동자를 씻으며
허허로운 삶을 마름질한다

녹색 이파리 달아 놓을
꽃 진 자리에 비린 그리움만
깃발처럼 걸어 놓으며…

들꽃

온 산과 들녘, 초록빛 주단 위에
색실로 자수를 놓은 듯
총천연색의 정염을 토하며
비발디의 칸타타 선율처럼
경쾌하게 춤추는 들꽃의 향연

푸른 바람이 꽃잎을 자근자근
밟는 계곡의 물보라에
시간의 조각을 적시며
짙은 향기와 수줍은 미소로
그림자마저 감춘다

어느새 투명한 숨결로
여름의 끝자락에 누운 들꽃
하늘 모서리, 조각구름 지나가며
산과 들의 기억을 흔들어 놓지만
세월이 지나도 그 깊이를
헤아릴 수 없는 청순한 사랑은
전설처럼 아름답네

수련

연못에 사랑을 쏟아 붓고
물무늬 위에서 꿈꾸는 수련
달빛 고인 꽃잎에 그리움을 접어
숲속 나비에게 띄우는 소인 없는 편지

시든 꽃은 물속으로 모습을 감추고
광택이 나는 잎은 V자 형태로 제각기
하품을 하는 듯 무질서 속에 질서가
있는 듯 수면 위에 빼곡하게 모여 있다

흐린 날이나 비가 흠뻑 내리는 날엔
밤인 줄 알고 방패 같은 잎에 누워
아름다운 꿈길에서 서성인다

아침에 날개처럼 활짝 피었다가
노을 녘에 빗장을 닫아버리는
잠자는 요정, 아름다운 님프, 수련

석류의 계절

오후의 농익은 햇살이 장독대에
긴 그림자를 던지면, 정염의 화신은
향기 짙은 빨간 주머니 속 알갱이에
불을 질러 하늘에 흩뿌린다

봄, 여름비처럼 젖어 들던 외로움과
그리움은 숨 막히던 어둠의 결박을
풀고 불새처럼 하늘로 훨훨 날아간다

짓물나게 그립던 가을바람의 품에 안겨
강물이 넘치듯 못다 한 사랑을 쏟는다
늘 참고 삭이기만 했던 어리석은 마음의
자유를 만끽하며 하늘의 보헤미안이
되고 싶은 빨간 보석, 석류 알갱이들
소리 없는 아우성을 지르는…

개망초

온 들녘에 하얀 카펫을
펼쳐놓고 바람을 베고 누운
야만스런 개망초

아무 곳에나 구긴 잠을 자고
발길에 짓밟혀도 꽃잎마다
깃을 세우며 클로버 옆에서
머리 곱게 빗겨주는 끈질긴 미련

키들대는 화려한 꽃들의
잔인한 비웃음에도 넉살 좋게
별꽃이라 우기며 슬픔을 지우는
개망초는 무산계급

비 오는 날 서러운 꿈 쓸어 담으며
꽃밭으로 내려오는 비천한 삶이지만
벌, 나비들에게 꽃향기 사연을
전해주며 하얗게 웃는다

꽃들의 마지막 향연

하얀 펜스 위로 얼굴 내밀고
폭죽 터뜨리며 환호하던
온갖 꽃들의 향연,
그 뜨거웠던 사랑도 끝나
꽃비가 되어 바람처럼 떠나고
웃음을 잃지 않고 매달려 있던
꽃 진 자리는 어느덧 추억 어린
전설이 되어 초록빛 속에 묻힌다

작은 홀씨 떨구며 긴 시간 속으로
떠나는 발자국마다 묻어나는
꽃들의 쓸쓸한 미소, 너무 짧은 일생

계절의 간이역에서 마지막 춤을 추는
빛바랜 꽃들의 물기 젖은 눈동자를
닦아주는 바람이 흔드는 손수건

은빛 물결, 억새

파란 하늘가에 걸린 은백의 그리움은
저음의 첼로 선율로 흐르는 가을 소나타
저 산 아래로 화려하게 색칠되는
단풍의 오색 물결은 가을 들녘에 출렁이고
시간도 멈춰 선 것 같은 산등성이엔
억새의 흰머리 너풀대는 세월들이
서걱서걱 소리 내며 산허리를 푼다

눈부신 햇살에 꿈꾸며 춤추는 은빛 메아리,
아득하게 펼쳐진 바다가 이 춤판의 뒷 그림이다
자, 가을의 열병을 앓는 눈부신 억새 숲에
그대와 내가 V자를 그리며 활짝 웃고 서 있다면
빛의 화가 렘브란트 풍경화가 되지 않을까!

비단새가 된 박주가리

겨울이 오는 소리가
마른 풀섶을 흔들어 깨우면
표주박처럼 여문 박주가리
열매 속에서 비단새들이 쏟아져
나와 겨울강 위로 비상을 한다

언 발을 호호 불어가며
자맥질하던 청둥오리 떼는
신기한 듯 더블베이스로 노래하고
바람은 도포 자락 속에서
박주가리 홀씨를 한 마리씩
내려놓고 허공을 밟고 떠난다

푸른 시절, 별을 닮았던
연보라꽃들이 울퉁불퉁한
열매가 되어 가슴속 칸막이를 찢고
저리도 아름다운 비단새가 되어
벌판의 살갗 속으로 날고 있는 걸까

가을 햇살과 바람이 손이 헐도록
다듬어 놓은 저 아름다운 비단새들…

수선화(Narcissus)가 숲의 요정 에코(Echo)에게

나로 인해 신의 저주를 받아
메아리로 떠도는 그대여,
아직도 내 주위를 배회하며
애끓는 사랑을 호소하지만
변함없는 그대 사랑을
받아 줄 수 없는 날 용서하오

비극으로 끝난 내 삶이지만
오늘도 호숫가의 여백에 서서
눈부신 물비늘 위에 내 모습을
비춰보며 환희에 차 있다오

내가 먼 길 떠나던 날
흐르는 눈물을 금잔에 가득 담아
월계수로 덮인 내 몸에 뿌려주던
그대의 슬픈 모습이
지금도 내 가슴속에 새겨 있지만
그대여, 세상에 잠시 머물다 간
바람으로 기억해 주오

아, 찬란한 이 봄날, 난 또 떠나야 하오
만일 신이 내게 내린 자기애 신탁이
풀리는 날이 온다면, 천년의 시간
마디마디를 잘라내 사랑으로 가득 채워
그대에게 바치고 싶소

순백의 매화

마지막 굿판을 벌이던
매서운 눈보라 속에서도
겹겹이 오므린 꽃망울도
잎보다 먼저 핀 투명한 꽃잎에
보석처럼 내려앉은 달빛

님 그리워 목이 메어 부르는
휘파람새의 가슴 저린 노래는
고고한 매화 꽃술에 보내는
아련한 연둣빛 사랑이다

흰 꽃구름처럼 온 들녘엔 번지는
매화 향기가 아물아물 피어오르면
또 다른 이별이 아쉬워 저토록
입을 맞추는 꽃과 새의 포옹은
병풍에 그려진 풍경처럼 아름답다

미루나무 사랑

초록 바람이 아름아름 말을 걸어와도
조각구름 걸치고 장승처럼 서서
두레박질을 하는 미루나무

강물에 발목 담근 채 힘들게 수액 퍼 올려
이파리 반들반들 윤을 내 부채처럼
펼쳐 놓으면 한 계절 노숙하는 매미의 합창과
새들의 아리아가 넓은 이파리 위에서
그리움과 사랑을 펼쳐 놓는다

비바람 한바탕 살풀이할 땐
까치 둥지도 부서져 강물에 씻긴다
집이 없어진 새들에게 잎으로
비를 가려주고 푸른 휘장을 쳐주는
넉넉한 마음을 가진 미루나무 사랑

초롱꽃

바람과 빛과 시간이 무성한 짙푸른
숲속 풀밭에서 하얀 모시옷을 여미며
사뿐히 걸어오는 향기 짙은 초롱꽃
그 위로 푸른 하늘이 지나간다

별빛이 초롱거리는 밤엔 털이 촘촘히 깔린
종 모양의 꽃 속은 반딧불의 놀이터,
야간 비행하는 새들과 곤충들에게
반딧불 심지로 길 밝혀주는 청사초롱
꽃잎 바탕에 점점이 박힌 흑자색 반점은
꿀샘으로 가는 비행 활주로다

숲속에서 초록 밤 껴안고 하얗게 밤을 새며
긴 꽃대에 매달려 바람에 흔들리며
가늘게 노래 부르지만 밤새 투전판에서
노름하다가 돈 잃고 귀가하는 낭군을
기다리던 옛 아낙들의 모습이 나일까

제2부

비늘 세운 바다는 남빛으로 흐른다

갯벌

바닷물이 빠지면 물살이 핥고 간
물결 자국이 흑진주처럼 반짝이고
뻘 묻은 조개들과 지느러미 세운
망둥어들은 먼바다로 가고 싶어
젖은 꿈을 펼치며 뒹군다

바지락 사이에서 꼬물대던 작은
게들이 눈의 안테나를 높이 세우고
잽싼 게걸음에 수평선이 빙그르 돌며
하늘과 뻘은 완전히 뒤집히는 것 같다

덜 마른 유화처럼 질펀한 갯벌에서
관절이 오그라들도록 바지락을 캐던
아낙들, 허리를 펴고 하늘을 보니
어느새 노을을 짊어진 철새들이
긴 여운처럼 편대로 갈 숲을 찾아드는데

그때서야 뻘 묻은 손으로 땀을 닦으며
행복을 담은 바지락 함지를 인 채
밀물의 칼날 위로 걸어 나오는 아낙들의
눈부신 모습은 한 폭의 멋진 풍경화다

제주 해녀

날마다 물때를 맞춰 고무 옷에 빗창과
작살을 꽂은 망사리 두렁박을 걸치고
삶의 텃밭으로 물질 나간다
긴 세월 가족의 생명줄을 등에 지고
자맥질과 수압을 견디며 살아온 세월
파도처럼 굽이치는 시간 속에
그녀들의 목숨은 닳고 닳아지고 있다

봄이면 숨비 소리를 벗 삼아 물질하고
겨울에도 자맥질하지만 이런 날엔
얼음 갑옷이 된 고무 옷을 불 턱에서
녹이며 오그라드는 몸을 추스른다
수압이 올라가고 너울과 파도에 시달려도
자연의 뜻에 순응하고 삶과 죽음 사이를
외줄타기 하는 삶의 몸부림도
이젠 해탈의 경지에 이르렀다

바다 깊이 들어갔다 휘파람 소리를 내며
나올 때마다 망사리 속엔 희망과
행복이 짭조름하게 넘실거린다

바닷가 카페의 추억

넓은 통유리 너머 주홍빛 노을
조각들이 수평선에 흩뿌려지면
희망과 일탈의 자유가 푸른 물
스며들 듯이 파랗게 넘실거린다

저 작은 어선에 실려 오는 비린내와
갈매기 노래는 환상적인 악보가 되어
넓은 바다를 메우는데, 파도 한 조각
달려와 커피 잔 속에 비치는 그대의
환한 미소를 마구 흔들어 놓는다

어, 어느새 세월의 물살이
내 얼굴에 출렁거려도 추억이
되살아나는 바다의 파란 목소리
기억의 올이 띄엄띄엄 빠져버린
그리움은 저 쪽배를 타고 떠나도
갈매기 날개 위로 다시 실려 오는
바닷가 카페의 추억

새벽 포구

밤 이슥토록 환하게 집어등을 밝혀
불야성을 이루던 수평선의 오징어 배,
뜬눈으로 새벽을 맞으며
고달픈 삶을 파도에 으깬다

어부의 푸념들을 날개에 단
갈매기 앞장서서 땀내와 씁쌀한
비린내를 포구에 내려놓으면
아, 어의 추임새를 넣어가며
손뼉을 치는 경매 소리에
놀란 바다의 공작, 오징어는
눈부신 형광빛과 먹물을 쏟아내며
최후의 퍼포먼스를 벌인다

포구의 아낙들은 숨 가쁘게
삶의 편린들을 목에 걸고
마술 부리는 듯한 손놀림으로
한 망태의 웃음을 건져 올리고
하얀 새벽이 조각조각 어망을
빠져 나가면 바다는 방파제에
몸을 부딪치며 파란 노래를 부른다

등대

수평선 끝, 고기잡이 배에서
끊어질 듯 이어지는 불빛의 윤무

달빛은 칠흑 같은
밤바다에 내려와 길 잃은
바람 안고 그리움에 기댄다

파도의 숨결을 초침으로
세어가며 어망을 끌어당기는
어부의 가파른 일상

긴 세월 해풍에 머리 풀어 헤치고
척추가 휘어진 해송처럼
늙어가는 등대지만

바람에 실려오는 낯선 시간들을
불빛에 걸어 놓고
어부들의 삶을 그물처럼 엮어준다

추억의 소금창고

긴 세월 갯벌에서 발효된 짠 내음에
골다공증으로 뼈에 구멍어 숭숭 뚫려
쓰러질 듯 뻘 밭에 발 담그고
서 있는 상엿집 같은 소금창고
용마루에 걸려 있는 홍백의 천 조각들,
만장처럼 펄럭펄럭 하늘에 비질하면
설움 조각들이 내려와 염수에 눕는다

염전에도, 소금창고에도
모자이크로 깔렸던 타일 조각들,
세월의 무게에 눌려 겨울 판화를 새기고
마른 갈대는 갯것들을 위한 진혼무를 춘다

이젠 먼 시간 속으로 떠난 추억들만
몸 뒤척이며 소금기를 게워내고,
가슴 조이며 기다리던 협궤 열차도
이젠 오지 않는데 녹물이 흐르는
철로 위로 겨울바람만 불어온다

아, 감빛 비늘 조각을 떨어뜨리며
아스라이 떠나는 철새들의 춤사위,
소금창고의 한숨 소리를 뒤로하고
하늘을 쳐다보니 노을이 저리도 고우네

뻘 배에 삶을 싣고

해무가 깔린 썰물의 끝자락
혹독한 갯바람에 맞서
날마다 새로운 꿈이 잉태되는
갯벌의 덧문을 흔들어본다

동공에 바닷물이 출렁이는
핏발 선 눈을 비비며
갯것들이 그려 놓은 해독할 수 없는
암호 문자를 뻘 배로 밀며
이골이 난 삶의 흔적을 그어댄다

욕창이 짓누르듯 숨 가쁜 뻘 배질로
꼬막을 훑으며 또 하루가 저물고
얼음 갑옷이 된 몸을 장작불에 녹이며
촘촘히 꿰매는 굽어진 관절의 기억들

청동색으로 녹이 슨 설움의 때가
또 한 갈피 뼈처럼 자라지만
수매가 끝난 빈 함지박 속에
철철 넘치는 행복을 어루만지며
꼬막 껍데기 고랑보다 더 깊게 패인
뻘 묻은 주름살 위에 웃음이 번지고
하얀 이가 보석처럼 눈부시다

겨울 포구 아침

매몰찬 바람이
입김을 얼리는 새벽 바다
오색 깃발을 단
만선의 고동소리가
포구의 아침을 연다

생선처럼 펄펄 뛰는 삶의 현장,
파시(波市)*가 즉석에서 끝나고
마법사 주술 같은 추임새,
손가락 꼼수로 경매도 파하면
싱싱한 활어로 가득 채운
아낙들의 함지박 꽁무니에
비린내가 따라 나선다

뜨거운 국물과
해장술로 목 축이며
다시 풍어의 꿈을 안고
어망을 손질하는
어부의 작은 행복은
갈매기 떼의 노래와 함께
풍경처럼 바다를 채우고 있다

* 파시(波市) : 고기가 한창 잡힐 때에 바다 위에서 열리는 생선 시장.

석화 캐는 아낙들

버거운 삶을 허리춤에 매달고
폭설이 시간을 덮어버린
갯벌에서 갯골을 피해가며
삶의 조각을 줍는다

설움을 구겨 넣은
긴 장화를 한 발 한 발 끌며
조세를 거머쥔 손이
얼어서 피가 흘러도
썰물과 밀물이 빚어낸
석화를 캐야 하는 어촌의 아낙들

순식간에 바닷물이 밀려오면
서러움과 고달픔은
물에 풀어 흘려보내고
바구니째 헹구는 석화 속에서
꿈과 사랑을 건져 올린다

어느새 노을을 끌고 돌아오는
아낙들의 당당한 모습은
사랑과 꿈과 희망으로 그려진
모네의 한 편의 그림이다

몽돌의 노래

긴 세월, 파도의 난타 속에서
각질을 잘게 부수고 속살을
비워내며 부르는 몽돌의 노래
마음 비운 공명의 울림

먼 길을 걸어 온 격류마다
담금질하며, 부대끼고, 둥글어진
몽돌의 새벽빛과의 애무는
사랑의 화살을 멘 에로스의 키스를
받는 눈부신 프시케의 모습

아, 저 무심한 시간의 뒤꼍에서
무수한 전설을 품으며 온갖
시련과 역경의 앙금을 토해 내고
모서리 둥글게 깎아 낸 몽돌

어쩌면 나도 모진 세파에 부대끼며
서로 상대방을 아프게 찌르던
예각을 잘 다듬고 깎아댄다면
몽돌처럼 둥글고 가슴 넓게 살지 않을까

아침 바다

호수처럼 잔잔한 옥빛 바다
소금기 밴 아침 바람이
해송을 흔들어 깨우면
파란 그리움들은
모래밭에 쉼표를 찍는다

바다 쪽으로 뻗은 솔숲에서
뿜어져 나오는 젖은 향기와
해풍이 맑고 아늑한
오카리나 선율을 한 소절씩
해초 위에 떨구면
청중들의 아우성처럼
파도가 하얗게 밀려 온다

아스라한 수평선에서
아침이 걸어오는 소리를 들으며
그물을 건져 올리는 어부들,
마치 고기비늘이 하나씩 떨어지듯
반짝거리는 아침 바다의 풍경은
잔잔한 파도와 해송이 읊조리는
바다의 하모니, 대서사시다

제3부

계절의 수레바퀴

가을 아침

밤새껏 비를 쏟아 내고 청잣빛으로
미소 짓는 가슴 설레는 가을 아침
아직도 빗방울이 남아 있는 창가에
김이 모락모락 나는 찻잔을 들고 다가서면
맑은 유리창에 반영되는 저 화려한 풍경,

짙은 초록이 무너져 내리고 자주색이
층층이 쌓인, 그 위에 노을색이 덧칠된
마추픽추 칵테일 같은 화려한 아침이다

아, 내 이마에 시간의 주름이
또 하나 그어지겠지만 카드섹션을
연출하는 듯한 저 오묘한 풍광,
마음속 책갈피에 곱게 새기고 싶은
이 환상적인 가을 아침엔
기차를 타고 떠나고 싶다

아침 산책

밤새 지워졌던 세상의 여백이
반쯤 열린 동쪽 창 틈새로
풀 향기 뿌리며 되살아나는 아침

산책로에 내려앉은 쑥색 안개를
우산처럼 쓰고 있는 들꽃,
보석인 양 목에 걸었던 이슬방울
아침 햇살에 벗어 주며
새들이 부르는 환상적인 칸타빌레에
후렴처럼 고개 흔드네

호수를 가로지른 긴 나무다리
쭉쭉 뻗은 부들의 행렬 사이로
요리조리 헤엄치는 붕어와 오리,
먹이를 던질 때마다
오리는 더블베이스로 노래하고
붕어는 꼬리 흔들며 눈웃음치네

아, 내 뺨을 만지며 물이랑을 긋는
부드럽고 상쾌한 바람과
짙은 초록빛 호수풍경을

커피 잔에 휘저어 마시는
행복하고 여유로운 아침이여!

백조의 호수

새벽 호수를 깨우는
갈대의 마른기침 소리에
핏발 선 눈을 비비며
물안개 걷어내는 목이 긴 새여!
겨울 문 닫는 소리가 저리 요란한데
우아하게 마지막 춤을 추거라

깃털마다 여백처럼 붙어 있는
그리움을 보석인 양 광을 내며
왈츠를 추는 아름다운 자태,
환상적이지만 바람이 와서
흔들어 놓는구나

아, 나그네처럼 또 떠나야 하는
숙명적인 여행가인 그대여!
하늘 길로 날다가 폭풍을 만나거든
마음의 눈으로 날아 보아라

자, 미련 없이 떠나라
하늘에서 아프로디테*의 수레를
끌었다던 순백의 백조여!

다시 만날 날 기약하며
가장 황홀한 이별을 하자꾸나

*아프로디테 : 그리스 로마 신화에 나오는 미의 여신.

초록빛 바다, 녹차밭

아침 햇살이 뿌리는 분광 속에
이슬 내려 윤기 흐르는 녹차밭 고랑
율포 바다에서 넘어 온 파란 바람은
녹 향과 뒤엉켜 울트라마린 블루의
하늘을 펼쳐 놓고, 수직과 수평으로
산허리까지 이어져 곱게 빗어내린
기하학적 풍광, 녹색 두루마리다

지느러미처럼 시간이 느리게 흐르는
등고선마다 세월이 고여 있고
풀빛과 바람이 잔물결치며
사랑을 태우는 저 초록빛 바다
손 내밀면 파란 물이 들 것 같다

전경으로 긴 행렬의 삼나무 숲 길
내 가슴속의 응어리들이 저 끝
소실점으로 천천히 떠나며
안단테 칸타빌레의 음표를 꽂아 넣는,
아, 나도 초록으로 물들 것 같은
경이로운 풍경이다

5월 아침

상큼한 풀 향기를 햇살로 꼬아
한 광주리 담고, 풀잎마다
파랑으로 발자국 찍으며
걸어오는 눈부시고 화려한 아침

방 안 가득히 초록빛 행복이
먼저 밀려와 출렁거리고
창밖엔 새들의 경쾌한 노래

모락모락 피어오르는
커피 향 끝에 빙글빙글 감기며
파문처럼 다가오는 아련한 그리움

밤새껏 씨줄과 날줄로 짱아 내린
숲 향기 언어를 골라 그대에게
편지 쓰고 싶은 아침이다
오, 반짝이는 푸른 눈빛을 커피 잔에
담아 보는 5월 아침의 설렘이여!

겨울 연지

맨발로 꽃을 들고 데칼코마니를 그리던
연꽃들의 축제가 끝난 쓸쓸한 연지에
겨울바람은 수의도 입지 않은 연꽃을
도려 낼 칼을 갈며 얼음 실밥을 틀어낸다

목이 꺾인 채 살점 발겨낸 늑골로 누워
살아서도 죽어서도 온 몸을 던져
끝없는 보시를 하던 연꽃들
어느새 사랑과 넋을 태우는 다비식에서
울먹이던 겨울 갈대는 너울너울 춤추며
매캐한 슬픔의 만장을 담금질한다

갈대가 연꽃을 위해 겨울 판화를 그리는 동안
벌집 같은 꽃 턱 속에서 쏟아낸 연씨는
까만 사리가 되어 탁한 물속을 정화하며
넉넉한 마음으로 봄을 기다리고 있다

아, 꽁꽁 얼어붙고 여유가 없는 우리 인생도
언제나 연꽃처럼 온유하며 아름답고
남을 배려하는 마음으로 살 수 있을까

눈이 펑펑 쏟아지는 날

지붕 위까지 눈에 파묻힌
통나무집 뜨락, 고드름 주렁주렁
매단 겨울바람이 비질한다

온 세상의 여백과 계급도
모두 지워버린 깊은 계곡
계속 쌓이는 눈 위로 밥 짓는
연기가 무겁게 깔린다

이 적막하고 깊은 통나무집에서
머리가 백발이 되도록 잊지 못하던
님을 우연히 만난다면
시간의 신이 잘라간 세월만큼
가슴에 묻었던 이야기를 하고 싶다

그래서 눈은 점점 무겁게 내려
통나무집이 무너진다 해도
세월 속에 모두 풀어져 버린
지난 사랑을 되감을 수만 있다면
시간의 회전목마를 타고 싶다

겨울바람

아직도 떠나지 못하고
하얗게 늙어가는 억새,
겨울바람에 울고 있는데
함박눈까지 내려
세상은 여백도 경계도 없다

마치 전신주에 얼기설기
뒤엉킨 문명의 선로들이
바람에 울부짖듯이
겨울 나그네처럼
내 창문을 서럽게 두드린다

이 겨울이 지나면
꽁꽁 얼어붙은 내 인생도
잠깐 둥지를 틀었던 철새처럼
저 찬 바람 뒤에서
봄을 기다려야겠지

차라리 미처 떠나지 못하고
꼬불꼬불한 산마루에서
손 흔들고 있는 서글픈 억새의

깊은 속내를 들으면서
와인 한 잔 해야겠다
잔이 넘치도록…

비 내리는 날

화사하게 핀 꽃잎들이
하얗게 떨어지는
4월의 크리스마스
수북이 쌓인 꽃 눈 위로
내리는 빗살무늬 봄비

꽃 진 자리에 켜진
초록빛 등불은
4월의 연인을 위한
비의 변주곡일까

아, 바람에 걸려
흩어지는 빗줄기 사이로
보이는 그대의 웃는 얼굴은
화폭에 담긴 시

물보라에 젖은 그대는
꽃잎이 수북이 쌓인
내 작은 뜨락에 와서
그리움을 펼쳐놓는다

가을 퍼레이드

계절의 수문장은 어느새 갈색 깃발을 꽂고
오색 물감을 찍어 산과 들에 색칠한다
인상파 화가 그림처럼…
가을바람은 열매들을 붉은 구슬로
익히는데, 철새들은 노을 진 바위에서
깃털을 곱게 빗으며 여행 준비한다

가을해는 몽땅 빗자루만큼 남아 있고
서녘이 검기울면 귀뚜라미 무리들은
목청을 가다듬고 비브라토로 노래 부르고
가을에 피어나는 하얀 솜털의 억새꽃은
붓으로 바람을 그리고 가을빛을 담아낸다

나는 발걸음을 멈추고 연못에 비친 단풍과
회백색 바위들, 수런대는 가을 소리를 듣다가
먼 산자락에 걸린 하얀 구름을 바라본다
구름이 범선처럼 시간을 나르고 갈색 언어들이
출렁이며 가슴을 뛰게 하는 파란 하늘로 오르는…

겨울 끝자락

서걱이는 마른 가지를 다독이며
얼음장 밑으로 흐르는 봄의 소리
갈퀴처럼 휘감기는 매운 바람 속에
숨죽이고 있는 봄의 열기와
다시 살아날 비릿한 봄 향기

새들은 봄의 제전에 참가하기 위해
포물선 그리며 노래 연습을 한다
다시 목이 쉰 노래 소리 짧어지고
봄이 오는 영을 넘고 또 넘는다
프리지아 꽃향기를 그리워하며…

그 겨울 숲에 가면

침묵으로 덮인 순백의 겨울 숲
산 까치들은 눈 터널에서
뒷짐 지고 톡톡 튕기고
끝나지 않은 노래처럼 주절대던
계곡물도 꽁꽁 얼어
세월의 한 자락 붙들고 있다

묵은 시간과 앞날이 켜켜이 깔린
추상화 같은 잿빛 그루터기엔
어느새 파란 이끼가 돋아나고
새들도 합창하며 봄을 준비하고 있다

나무들은 봄의 여신이 지금쯤
어느 고개에서 쉬고 있는지
바람에게 물어 보지만 말갈기처럼 부는
매운바람은 눈과 귀를 막고
시간의 파편을 굴렁쇠처럼 굴리며
아늑하고 고즈넉한 겨울 숲을 깨운다

겨울 갈대의 노래

폭설에 짓눌린 어깨를 비비며
아직도 떠나지 못하고 세월의
바람개비만 돌리는 갈대의 슬픈 노래
죽도록 사랑하던 연인을 위한
한 맺힌 기다림일까
목신(牧神) 판(Pan)*이 갈대가 된 님프를
못 잊어 갈피리를 불며 방황하는
그리움의 선율일까

아, 이렇듯 사랑은 4계절의 가파른 언덕을
오르는 숨 가쁜 아픔이고 그리움인데,
어느새 주황색 노을에 붉은 울음을
제 뼛속 깊이 포개 넣으며 서걱거리는
저 눈 쌓인 갈대밭,

철새들이 편대로 날아 와 자기들도
사랑을 잃으면 가슴앓이를 한다고
조잘거리는 소리가 갈대의 슬픈 노래의
음계를 타고 겨울 강에 일렁이네

* 목신(牧神) 판(Pan) : 그리스 로마 신화에 나오는 목양의 신. 허리 위는 사람, 아래로는 양의 모습을 하고 있다. 산과 들에 살면서 가축을 지키지만 좋아하는 물의 요정을 쫓다가 그 요정이 갈대가 되는 바람에 속이 빈 갈대를 잘라 그리움의 피리를 만들어 불었다고 한다.

겨울 편지

바람도 손 시린 겨울 뜨락에서
아직도 못다 부른 낙엽과
억새의 노래가
아다지오(Adagio)로 흩어지고

어느새 하얀 설원 위에
몇 개의 발자국만
남긴 한 해의 끝자락

무채색 하늘가에 기대어
자유롭게 유영하던
회색 구름도 낮게 내려와
사노라 힘들어 서럽게 찍힌
삶의 수레바퀴 자국을
어루만져 주니 마음이 싸하다

자, 밀물처럼 넘치던 슬픔은 퍼내고
새 날이 걸어오는 길목에
희망을 한 올 한 올 엮어 놓는다면
행복이 철철 넘치는
축배의 잔을 들 수 있지 않겠는가
그렇게 기대해 보자, 밝아 오는 새해엔…

가을 사랑

별무리들이
지붕 위에 핀 박꽃 속에
초롱불 켜 놓고
가을노래 부르던 날

긴긴 사랑의 언어들을
정성껏 엮은 조각보를
깃발처럼 흔들며,
녹이 슬어버린
내 마음의 빗장을 열고
힘겹게 들어온 황금빛 사랑

비록 사랑 뒤에서
이별이 어설픈 미소 짓고,
가슴 저미는 슬픔이 찾아와
눈물의 등잔을 켜 놓고 간다 해도
하얀 포말을 일으키며
밀고 들어 온 이 마지막 사랑을
알알이 영글은 가을 열매처럼
내 영혼 속에 깊이 갈무리하고 싶다

그대여, 여름 숲으로 오라

아찔한 바위벼랑으로 내려 꽂히며
산자락을 뒤흔드는 우렁찬 폭포소리
이미 여름의 서막은 활짝 열리고
숲의 정령들은 피톤치드향을
몸에 걸치고 춤을 추네

뻐꾸기의 영혼을 토해내는
두 음정 아리아, 목울대에 핏대 세우며
오카리나를 불어대는 매미
방울새도 덩달아 플룻을 부네

그대여, 삭막한 도시를 떠나
신록의 여름 숲으로 오라
버거운 일상을 잠시 내려놓고
저 화려한 숲속 뮤지컬 무대 앞에서
여유로운 관객이 되어 쉼표를 찍어보자

강렬한 햇살이 나뭇잎 사이마다
초록 등불을 켜 놓고, 그대의 지친 몸에
푸른 수혈을 해준다면 숨 가쁜 삶도

초록빛 파도 속에 녹아들 게 아닌가
자, 내일의 비상을 위해 숲 향기로 엮은
희망과 꿈의 날개를 다시 달고 힘껏 날아보자

봄의 왈츠

봄꽃들의 함박웃음 소리에
섬진강도 철벅철벅 노 저어
꽃향기를 부산하게 나르고
진주 이슬 띠 두른 진달래와
벚꽃은 산과 들에 나팔을 부네

파랗게 돋아난 풀들이 떼 지어
강가로 물 마시러 내려와
시린 사연 한마디씩 나누면
푸시시하던 숲은 연둣빛 화장을 하고
풍각쟁이 새들은 푸른 노래 부르네

아, 아찔하다 아지랑이 아른거리고
잠자던 산울림도 깨어나
저렇듯 봄 햇살이 못 견디게
말을 걸어오는데 깨어나는
봄의 소리가 오카리나가 되어
미끄러지듯 달리는 저 선율은
봄의 왈츠가 아니겠는가

눈 내리는 갈대 숲

겨울 호숫가 기슭,
하얀 눈을 이고 들불처럼
타고 있는 마른 갈대숲
바람이 불 때마다 서걱서걱
슬픈 여인처럼 다시 돌아눕는다

진종일 어깨에 두텁게 쌓인
눈을 털어내며 빛바랜 깃발처럼
나부끼는 겨울새의 쉼터
여명이 틀 무렵 까만 망사천이
펄럭이듯 하늘을 수놓는
철새들의 현란한 춤

하늘이 검기울고
장밋빛 노을이 깔리면
다시 오두막에 여장을 푸는
철새들의 간이역

겨울 나그네, 철새

노을이 비껴선 어둑한 하늘
오두막을 비우고
떠나는 철새들의 춤사위
먼 길 떠나는 슬픔에
속이 빈 갈대 하나 꺾어
잉크빛 강물 위에
석별의 편지를 쓴다

오색 옷 모두 벗어 버린
강가의 버드나무
서러운 철새들의 날갯짓에
고개 아프도록 손 흔든다

가슴 시리게 들려오는
비발디의 '겨울' 선율,
라르고가 또 안겨주는
세월의 나이테,
나목 위에 턱을 고이고 앉은
겨울바람은 철새 발자국 찍힌
구름을 마구 흔들어 놓는다

9월이 오면

쪽빛 하늘을 유영하는
빨간 고추잠자리
날개에 가을을 달고 와
싸리문 위에 내려 놓는다

달빛 타고 온 소슬바람은
몽고반점처럼 얼룩진
나무 잎새를 흔들고
꽃이 질 때마다
불 켜진 창문 밖에서
날개를 부비는
밤나방의 흐느끼는 소리

아, 9월이 오면
추억 속의 그대 그리워
풀벌레의 가을연가에도
가슴 설레어 뒤척이는 밤

시간의 무늬처럼 사위어 가는
계절을 스케치하여
우표 대신 꽃잎 한 장 붙여
그대에게 편지 보내고 싶다

겨울 여행

날을 세운 칼바람에도
늘 마음 설레고
들뜨게 하는 겨울 여행

넉넉한 품을 열어 찌든 일상을
씻어주며 푸른 사랑처럼 출렁이는
잉크빛 대포항

계곡마다 긴 겨울 이야기
눈꽃으로 엮어 놓고
헛기침을 하는,
신선을 닮은 한계령

차는 달리고, 묵은 시간처럼
뒤로 물러가는 겨울 풍경
쌓였던 스트레스도
차 바퀴 밑에서 지워지고

여전히 추위가 차창 밖에 서 있는데
바람결 따라 흩어지는 눈 꽃향기도
싸한 그리움 되어 날린다

제4부

우리들의 작은 풍경

쌍둥이 첫돌

강물에 번지는 노을의 동심원들이
둥근 원들 그리다 잦아들고
갈색 바람에 점점 바래가는 초록 이파리
10월은 르누아르 그림을 닮았다

사랑과 행복이 흐르는 요람에서
진주처럼 맑게 자라 준 두 왕자
어느새 세상 여행 시작한 지 365일,
그동안 차곡차곡 금박에 싸 둔
씩씩한 쌍둥이 일상을 펼쳐 보니
무지개 꿈으로 가득 찬 미지의 세상을
맑은 눈 속에 부산하게 새기고 있네

이렇듯 서로가 서로에게 그늘이 되고
소박한 두레반처럼 손에 손을 잡고
그렇게 날마다 씩씩하게 성장해 주고
세상에서 꼭 필요한 사람이 되길
축원하는 모든 축하객들은
슬그머니 한쪽 모서리에 끼어 동화 속의
고운 풍경이 되고 싶어 한다네

10월의 멋진 첫날

아직도 초록빛이 남아 있는
시린 10월 첫날 아침
세상에서 가장 가슴 설렌,
아름다운 만남을 위해
입술과 목젖이 마르던
초조한 기다림

밤새껏 달과 별들이 내건
등불을 들고 파도를 넘고
어두운 터널을 지나
드디어 은빛 해안에
닻을 내린 두 왕자

오전 10시 55분, 56분에
배에서 내려 처음 만나는
엄마, 아빠 품에 안긴,
이 경이롭고 신비스런 첫 만남에
가슴 벅찬, 기쁨의 눈물을 흘리던
10월의 첫날 아침

세상 여행 시작한 두 왕자
우렁찬 울음소리와
티 없이 초롱거리는 눈동자에
언제까지 들여다보던
멋진 10월 아침, 눈부신 첫 만남

* 1st, October, 2004. 쌍둥이 할머니가 되다.

물안개 피는 우포늪

밤새껏 뒤척이며, 늪 밑바닥에서
수런거리는 숱한 겨울이야기들,
물안개로 보풀보풀 피어오른다

이른 새벽 희뿌연 장막 속에서
마법에 걸린 듯 바람의 원을 그리며
긴 장대로 늪 바닥을 밀고 훑으며
고기를 잡는 어부의 실루엣,

마법 부채를 쥐락펴락하며
새벽 공기를 가르는 질서정연한
저 철새들의 비상을 보라
어느 화가의 붓끝에서 저리도
몽환적인 수묵화가 그려지겠는가

점차 잦아드는 안개방울 방울,
앙상한 나뭇가지의
회백색 여백을 눈꽃으로 채우고
시간마저 LP판처럼 느리게 돌아가며
겨울 서정을 그리는 원시의 우포늪

아, 이 경이롭고 벅찬 설레임을
한 움큼씩 추억으로 방목해놓고
태고의 숨결, 우포늪의 한 모서리에서
그대로 풍경이 되고 싶다

내 마음의 풍차

가을의 끝자락,
비처럼 창을 두드리는
나뭇잎 떨어지는 소리가
가슴속을 휘젓는데
떡갈나무 둥치에서
빨간 석류알을 보석처럼
실에 꿰어 목에 걸어 주던
그대 생각납니다

이제 반백이 되어서야
걸어보는 낙엽 쌓인
망각의 오솔길

갑자기 어디선가 들려오는
아!… "Ich Liebe Dich"
늘 원어로 불러 주던
그대의 감미로운 목소리 같아
눈물이 납니다

세월의 갈피가 두텁게 쌓이고
이끼가 낀 후에야

그 사랑을 알게 되었지만
아직도 내 마음속
깊은 계단으로 내려가면
그대 향한 그리움이
풍차처럼 돌고 있습니다

초록빛 이끼계곡

천년 풍상을 이겨 내며
태고의 신비를 품은
초록빛 이끼계곡
가사도 없이 부르는
물소리, 새소리 들으며
그림처럼, 시처럼
푸른 꿈을 꾸는
이끼 낀 바위, 그 미학,

녹색 융단을 뒤집어 쓴
고목 둥치 옆에서
짙은 향기 뿜으며 실신한 듯
웃는 들꽃들의 함박웃음이
이끼계곡을 뒤흔들어 놓는데,
짙은 초록이 빗방울처럼 떨어진다

아, 깊은 계곡에 숨겨진 초록빛 세상은
회색빛 숲에 사는 도시인들에겐
영원한 노스탤지어
꿈꾸는 파라다이스가 아닐까

매미의 노래

허공을 부여안고 목놓아 부르는
매미의 노래는 집시의 바이올린
연주보다 더 서글퍼 새들도
어디로 날아갔는지 조용하다

단 15일간의 사랑을 위해 목숨을 건
저 처절한 울부짖음은 오가는
자동차의 매연과 경적소리에도
아랑곳없이 한 옥타브씩 높아가는 음계
꼭 짝을 만나야 저승에 갈 수 있다는
절박함, 그것은 숙명적인 삶의 질주다

저토록 소름이 돋게 부르는 역동적인
노래는 슈만의 제3교향곡중 제1장
알레그로 비바체를 연주하는 듯하다
알레그로 비바체! Allegro Vivace

청보리밭

겨우내 움츠렸던 묵은 숨 토해내며
연둣빛 노래를 부르는 청보리밭
아직도 희끔한 잔설을 품은 봄을 끌고 온
종다리, 까투리도 보리밭 이랑에
사랑을 펼쳐 놓는다

소매 끝으로 스미는 찬바람에도
초록빛 물결처럼 일렁이는 끝없이 펼쳐진
저 지평선, 반 고흐의 '보리밭' 그림보다
더 목가적인 풍경화다

그러나 꼬깃꼬깃 접힌 세월의 한 자락을
펼치면 긁어내어도 핏물만 흥건한
따개비 같은 보릿고개
흑인 영가처럼 뼛속까지 전율하던
보리피리의 슬픔도 길고 험난한 여정 끝에
풍요로운 추억의 향기가 되었다네

그대여, 꿈이 익어 가는 청보리밭을 밟아 보자
그래서 가슴 찌르던 사금파리 조각들을
훠이 훠이 던지며 활짝 웃는 할머니의

냉이 바구니 속에 먼저 찾아 온
봄 향기와 아지랑이에 눈 시려 보자

아침 스케치

구름처럼 밀려오는
안개의 늪에서 뒤척이며
눈 비비는 이른 아침,

창가의 나무 위에서
꿈, 사랑, 희망을 부르는
새들의 아침 노래
오늘은 좋은 일이 있을 것 같은
상쾌한 하루의 시작에서
바람도 도포 자락을 흔든다

아, 레몬향기 같은 상큼한 아침
상아빛 피아노 건반 위로
속도를 내며 달려가는 음표마다
커피 향으로 톡톡 튕기고

창밖의 초록잎들은
연서가 되어 창을 두드린다
희뿌연 베일 속에서
고개 쳐드는 눈부신 햇살
파스텔톤 투망으로
건져 올린 아침 벽을
무지개색으로 붓질한다

어머니의 감자꽃

길게 올린 꽃대를 쳐들고 하얀색, 보라색의
뭇별처럼 흩어지며 여름을 부르는 감자꽃
그러나 밭고랑을 덮어 버린 감자 줄기 속에서
어머니의 푸념소리가 어렴풋이 들리네

무상몰수 무상분배의 원칙에 따라 무조건
부르주아를 핍박하던 프롤레타리아의 서슬 퍼런,
그 빨간 완장의 공포는 아버지와의 별리의 서곡이었네

예기치 못한 이별과 허기진 사랑은 감자 뿌리에
부토처럼 쌓여 옹어리로 알알이 매달리고
저 불같은 분노는 가장 낮은 저음으로 삭이며
생감자로 그리움과 허기를 채우던 아리고 저린 세월

감자꽃 필 때마다 아프고 쓰린 상처가 자꾸 도지고
잠별하게 가슴이 후벼 와 바람 부는 오솔길에서
찬란하던 사랑의 추억에 속눈썹을 적시던 어머니

그러나 아직도 한 용광로에서 용해되지 못하고
각각의 원소로 목소리만 높이는 좌익과 우익,
긴 시간의 터널 속으로 들려오는 어머니의 한숨소리

나의 비밀정원

울트라마린 블루의 하늘이 떠 있고
검정 크레파스를 긁어내며 그리는
스크래치화 같은 나의 비밀정원,
그것은 미지의 여행지처럼 늘 나를 설레게 하지만
낯선 이끼가 세월만큼 내려앉은 돌담 위로
칼날 같은 침묵이 느리게 지나간다

나만의 팔레트에서 색을 찍어 내
지나온 내 자취를 한 획으로 그려 보면
내 영혼 속에 깊은 옹이처럼 새겨놓은
사랑의 화인은 그리움의 계곡 속에
혼자 서 있는 성처럼 외롭고 가슴 저민다

어느새 정원으로 불어오는 바람 속엔
곧 다가올 초록빛 계절이 숨죽이고 있고
내 안에서 말라가고 있던 그대 그리움은
또 다시 꿈틀대며 몽실몽실 피어나기 시작한다
아, 기억의 이랑마다 깊이 새겨져 있어
지울 수 없는 이름 하나가
여전히 산 위에 덮인 운무처럼 파도친다

삼나무 숲길

도시의 삶이 외롭고 권태로울 때
하늘의 비밀을 오롯이 품고 있는
싱그러운 삼나무 숲길을 걸어 보라

느린 곡선으로 소멸과 생성을
거듭하며 피톤치드향을 뿌리는
저 키 큰 삼나무 밑에 조용히 서서
산새와 바람의 칸타타를 들어 보라,
진한 향기와 원기가 수혈되어
일상에 지친 삶을 보듬어 주리라

기찻길처럼 평행선으로 뻗은
녹색 숲길에 들어서면 가까워질듯
멀어지며 점점 작아지는 평행선의
저 끝자락, 작은 점이 보인다
살기 힘들었던 묵은 시간들도,
오만함과 이기심도 종이비행기 접듯
접어서 저 소실점으로 날려 보낸다면
삶의 기쁨과 슬픔도 녹아내리듯
뮤즈*들이 노래하고 춤추리라

* 뮤즈 : 그리스 로마 신화에 나오는 9명의 예술의 신.

무당거미

노란 고리 띠 두른 긴 다리로
자일을 타듯 허공을 오르내리며
비단실로 말굽형 입체 그물을 짠다
마치 베틀에서 씨줄과 날줄을 꼬아서
신들의 모습을 비단에 짜 넣던
아라크네*의 야무진 솜씨처럼

평생 뜯어 먹고도 남을 시신들을
그물에 주렁주렁 매달아 놓고
억울하게 죽어 간 영에 저지른
업보를 달래기 위해 작두 탄 무당처럼
평생 춤을 추는 무당거미의 운명

그러나 비 오는 날 거미의 오두막에
걸려 있는 보석 같은 빗방울,
백작의 성채가 부럽지 않은 화려한
궁전이지만 접착력이 떨어진 오두막이
무너질까 두려워 진종일 빗방울을
걷어내며 리모델링 작업을 한다

* 아라크네 : 그리스 로마 신화에 나오는 자신이 아테네 신보다 비단을 더 잘 짠다고 하다가 신의 노여움을 받아 거미가 된 여인.

자전거 탄 풍경

불꽃처럼 사랑을 태우던 가을도
오색 알갱이 까슬리며 갈색 바람에
하얀 갈기 흔드는 억새의 흰 머리
꽁지머리로 늘어뜨린,
넝마 패션을 걸친 히피의 멋이다

노을 녘엔 산들은 헐겁게 저물고
비탈길 아래로 숱한 사연을 뱉어내며
달리는 기차는 자전거 은빛 바큇살에
굴렁쇠처럼 오후의 적막을 감으며
감긴 것은 말려들어 둥근 시간이 된다

노란 프레임에 저녁 빛이 반사되는
자전거 바큇살과 길게 달리는 기차의 속력은
바람같이 빠른 인생의 시간, 프레스토

가을 풍경 속으로 페달을 밟고 달리는
자전거 탄 풍경은 목탄화 삽화 같은 아련한
추억이 밀려올 것 같은, 파란색 필터를
통해 바라보는 한 편의 시 같은 경치이다

그대의 슬픈 바다

뼈 시린 겨울바람이 슬피 울던 노을녘
외항선을 타고 세계를 누비던 그대는
이승의 고달픈 항해의 닻을 내리고
저승길 허무의 바다로 떠났습니다

이승에 남겨 둔 미련과 아쉬움 때문인지
파도가 높게 출렁거렸습니다
하얀 상복을 입은 바다새들의 진혼곡 소리에
바닷속에서 뿔고동 나팔을 불던 트리톤*도
조용하게 파도를 다독거리며 잠재웠습니다

불꽃같은 그대의 빨간 욕망과 열정도,
미련과 아쉬움도 모두 수평선에 벗어놓고
저승으로 가는 망각의 꽃배를 타고 떠났습니다
뱃사공에게 노잣돈 주지 않아도, 시인인
오르페우스*처럼 리라를 연주하지 않아도,
뱃사공 카론*은 만장이 펄럭이는 꽃배에
그대를 태우고 저승으로 떠났습니다
그대의 바다는 언제까지 하얗게 울고 있었고…

* 트리톤 : 포세이돈(바다의 신)의 아들.
* 오르페우스 : 시인이며 리라 연주가.
* 카론 : 저승으로 가는 배를 모는 뱃사공.

여고 동창생들에게

언제 만나도 주름진 손 마주 잡고
가슴과 눈빛으로 활짝 웃으며
안부를 묻는 정겨운 친구들아

하얀 칼라 빳빳이 세운 교복과
꿈을 넣고 다니던 자주색 가방,
4월이면 꽃비가 되어 창문으로 날리던
벚꽃잎들, 새들의 노랫소리
아, 이 시적인 풍경에 수줍게 미소 짓던
그 푸르던 시절이 우리에게도 있었던가

도서관에서 대학 입시 공부하다
세시봉 음악 감상실로 달려가
익숙하지 않은 커피 한 잔 놓고
서툰 어깨춤과 손가락 장단 맞추며
DJ에게 팝송을 신청하던 친구들아
그땐 인생의 제1막이 올라갈 때마다
환호와 갈채를 받던 설렘의 시절이었지

어느새 까만 머리가 은발로 날리고
나뭇잎이 굴러도 깔깔대던 뽀얀 얼굴에

시간의 신이 잔인하게 파놓은
꼬막 껍데기 같은 주름살, 골이 너무 깊구나

지금껏 소용돌이 치던 수많은 시간 속에
씨줄과 날줄로 삶을 엮으며
화려하고 눈부신 인생 제2막이 올랐지만
관객들은 모두 떠나고 자식들마저 떠난
빛바랜 둥지에서 그래도 종착역까지
동행할 동반자와 두 손을 꼭 잡고
빠른 물결 속으로 흘러 왔는데
창 밖에서 조등을 걸어 놓고 운명의 실을
하나씩 끊으며 동반자를 데려가는 운명의 여신
친구들아, 인생은 늘 고독한 존재란다

아, 어느새 4개의 수레바퀴를 힘겹게 굴리며
소멸의 계단까지 올라 온 친구들아
이젠 미련과 욕망을 모두 수평선에 벗어놓고
빈 마음으로 카론 강*으로 떠난다면
오르페우스 수금 연주가 없어도, 뱃사공에게
노잣돈 주지 않아도 우리를 강 너머로
데려다 주지 않을까

그때까지 저 수평선에서 하루의
불꽃같은 의식을 치르는 노을처럼
그렇게 화려하게, 열정적으로 살자

* 카론 강 : 저승으로 가는 배를 노 젓는 뱃사공의 이름을 따서 저승의 강을 카론 강이라고도 한다.

대문 앞 작은 우체통

언제나 대문 위에 다소곳이
앉아 있는 빨간 나무 우체통
오늘도 정겨운 편지 한 통 없이
돈 내라는 불청객 고지서만
빈 가슴에 차곡차곡 쌓인다

어느새 봄도 떠나는데
꽃잎 한 장 붙인
그리운 편지는 안 오고
허공에서 유선을 탄 디지털
메일만 고개 쳐들고 비웃는다

아, 우체통은 날마다 속앓이를
해서 저리도 빨간색일까
비가 추적추적 내리는 날
겉봉을 쓰고 우표 옆에
붓꽃잎 한 장 붙여
그리운 친구들에게 보내고 싶다

제5부

세상은 넓다

알함브라 궁전

눈부신 햇살을 받은 그라나다는 환상적이고
물질적 풍요가 어우러진 에스파냐의 고도,
다로 강 건너엔 아름다운 알함브라 궁전이 있다

이사벨라 여왕과 아라곤 왕이 힘을 합해
800년 동안이나 스페인을 지배했던 이슬람
나스르 왕조를 몰아내고
스페인을 통일, 알함브라 궁전을 차지했다
그라나다가 한눈에 내려다 보이는 언덕 위의
궁전은 무어인들의 뛰어난 솜씨,
아라베스크 무늬와 종유석
모양으로 장식된 30개의 망루가 설치된 성채다

이슬람어로 붉은 성이라는 알함브라 궁전은
하얀 집들 사이로 한 장의 사진처럼 걸려 있고
낙원과 흐르는 물을 결합시킨 설계는 코란의
에덴동산을 구현한 것이고
그 하얀 집들은 이슬람인들이 끝까지 거주했던
알바이신(Albaicin) 지구이다

스페인 기타 연주자 '타레가' 가
'알함브라 궁전의 추억'
이란 연주곡을 만들었고
미국의 외교관이며 작가인
워싱턴 어빙은 이슬람 후손들에게
들은 내용을 바탕으로
45개의 이야기책과 에세이집을 만들어
궁전을 세상에 알려
궁전과 알바이신 지구 전체가
세계 문화유산으로 등록,
입구마다 'Washington Irving'
이란 팻말이 붙어 있다

그라나다는 3개의 언덕으로
이루어진 도시, 알함브라 궁전과
알바이신 지구, 헤네랄리페 지구는
동굴형 형태의 집들이 많다
빈민이 살던 집은 지금도 집시들이
살지만 집시의 웃음처럼

자유로운 움막 같은 집에서 음악에
맞춰 플라멩코 춤을 공연한다

크론보르(Kronborg) 성
— 햄릿의 배경이 되는 성

덴마크는 유럽에서 가장 오래된 왕국
바이킹 왕국 그 이전에 살던 덴마크 왕자
앰랫 왕자를 햄릿으로 바꾸어, 천재 작가
윌리엄 셰익스피어가 설화를 극화했다

셰익스피어는 한 번도 덴마크를 방문한 적도
없지만, 그의 천재성 때문에 마리엔리스트
공원엔 햄릿의 무덤이 있고 햄릿 기념비까지
세우고 성 입구엔 셰익스피어의 조각상이 걸려 있다

한적한 바닷가의 낮은 언덕에 르네상스와
바로크 양식으로 된 난공불락의 철옹성,
웅장한 크론보르 성이 있고 해자에는 물이
계속 흐르고 하얀 백조가 진혼무를 춘다

여름이면 셰익스피어의 4대 비극 중 햄릿의 축제가
열리고 출입구 왼쪽엔 바다의 신 포세이돈과
전령의 신 헤르메스 조각상이 서 있다

지금도 애초 크론보르 성을 건축한 프레드릭 2세와
소피아 여왕을 위한 대규모의 연회장과 금박으로

장식한 예배당과 왕실 가족들이 거주하던 화려한
방들이 그대로 보존되고 소피아 여왕과
프레드릭 2세의 초상화도 걸려 있다

노이슈반슈타인 성(백조의 성)

한 마리의 백조가 날개를 펼치고 우아하게
내려앉은 것 같은 바이에른 숲,
디즈니랜드의 모티브가 된
환상적인 노이슈반슈타인성(백조의 성)

독일 바이에른의 황태자인
루드비히 2세는 어릴 때부터
바그너에게 피아노를 배우며
그를 좋아했고 오페라 탄호이저와 로엔그린에
나오는 독일 전설에 관심을 가지고
오페라 장면을 성 내부에
벽화로 그리려 했다

18세에 등극한 왕 루드비히 2세를
4명의 의사가 검사하지
않은 채 그를 금치산자로 선고,
왕위에서 물러나게 하고
'광기의 왕', '공상의 왕' 이란 정신병자로 결론,
국고를 탕진한 자로 매도했고,
더구나 파산한 바그너를 또 불러들였다고 했다

탄호이저를 모방해 만든
화려한 가수의 방은 해마다 바그너 콘서트가 열리는데,
니벨룽겐의 반지에 등장하는 30장면은
벽화로 치장, 이는 바그너가 작곡한
4개의 서사 악극곡 중에서
오페라 역사상 가장 위대한 걸작 중의 하나이다

동화 속에서 나올 법한 아름다운 성을
짓다가 미완성으로
목숨을 잃어, 죽기 전에 못다 지은
슬픈 사연을 지닌 성이지만
로마네스크, 고딕풍, 다양한 양식이
어우러진 아름다운 성주,
루드비히 2세는 꽃미남으로
어느 날 호수에 시체로 떠
있었지만 타살인지 자살인지 아무도 모른다

프라하의 바람

이끼 낀 30여 개의 석상만큼이나
연륜이 묻어나는
집시들의 음악과 퓨전예술의
공연장 같은 카를교,
그 밑으론 블타바 강이 흐르고
고색창연한 구시가지의
광장 너머엔 마법의 프라하 성이 하늘을 찌른다

보헤미안 낭만과 중세의 향기가 켜켜이 쌓인
바츨라츠 광장에선
'인간의 얼굴을 가진 사회주의'를
부르짖던 '프라하의 봄'과
같은 소용돌이 속에서도
중세의 모습을 전설처럼 간직한 프라하

천문시계가 천년의 시각을 알리고 종교개혁가
얀 후스 동상 앞으로 중세의 마차가 힘차게
달리는 고풍스럽고 마력적인 도시지만
변두리 초원에 펼쳐진
협동 농장에서의 사회주의 노동 착취의 그림자는
민주자유노선 제창의 강령을 잊은 듯하다

그러나 햇살이 금화처럼 굴러다니는
연금술사의 골목
그 동화 같은 좁은 골목의 22호
파란 집에서 지금 마악
세계명작 집필을 끝낸
몽상작가 '카프카*' 가 커피 마시러
나올 것 같은 작은 거리,
너무 좁아서 광란의 프라하 바람도
스쳐 갔을 황금소로의 파란집

* 카프카 : 『변신』 『심판』 『성』 등 인간의 불안과 소외를 그린 작품을 남긴 20세기의 작가.

모차르트 오디세이

알프스 빙하가 녹아내린 호수에
쪽배의 노 젓는 소리가 음표 하나씩
뱉어 놓으면 초록빛 산자락 빨간 지붕의
그림자가 물무늬 악보처럼 물결친다

마법에 걸린 듯한 천년의 호헨 잘츠부르크 성,
아직도 귀족의 마차소리가 들리는 잘차흐 강과
음악의 향기가 흐르는 듯, 중세에서 시간이
멈춰 버린 모차르트의 고향, 잘츠부르크

막강한 왕가와 귀족의 이데올로기인
클래식의 단단한 틀을 잘게 부숴 자유와
서정을 씨줄과 날줄로 엮어 부드러운
비단으로 짜 낸 그대, 모차르트여!

어린 시절 합스부르크 왕가의 앙트와네트
공주와 결혼하고 싶다던 그대의 당돌한
소원이 이루어졌다면, 프랑스 루이 16세의
왕비가 된 그녀가 단두대의 이슬로 사라졌을까
또 세상은 얼마나 많이 달라졌을까

어느새 그대 떠난 지 250주년
미라벨 궁전에서도 그대의 음악회가 열리고
세상은 온통 부드러운 솜사탕 같은 선율이
리트머스 시험지처럼 우리 가슴속을 적신다네
아직도 전철역마다 세레나데 3악장과
피아노 소나타 11번이 흘러나오고 있고…

* 오스트리아, 잘츠부르크에서.

오로라(Aurora)

별빛이 보석처럼 박힌 거대한 녹색 장막이 춤추며
내려와 눈 쌓인 자작나무를 바람개비처럼 돌리는 듯하다
화려하고 눈부신 오로라의 띠 사이로 시벨리우스의
'핀란디아' 교향곡이 천상의 오페라가 되어 흐르고,
눈으로 둘러싸여 경계를 알 수 없는 장엄한 겨울나라

산타클로스와 요정이 살고 있는 매혹적인 풍경,
이는 가장 경이롭고 멋진 신의 작품이 아닐까?
금발의 새벽의 여신, 오로라가 동틀 때까지
실크 커튼을 바람에 날리는 행위 예술은 아닐까?

눈이 펑펑 내리는 자작나무 숲 속을 흰 수염을
휘날리며 루돌프 썰매를 타고 달리는 산타클로스,
6마리의 시베리안 허스키가 끄는 눈썰매를 타고
달리는 여행자들의 감동에 찬 탄성과 비명은
색색으로 넘실대는 오로라의 소용돌이다

핀란디아

교향시 '핀란디아'는 시벨리우스의 30대 작품
숲과 호수의 나라, 핀란드의 울창한 침엽수림을
펼쳐 보이는 듯한 북유럽의 음악 '핀란디아'
한 편의 대서사시와 같이 웅장하고 장대하다

조국의 혼을 잘 나타낸 작품으로 틀이 잡히자
나라에서 연금과 교외에 훌륭한 저택까지 주어
주택 위로 비행기도 뜨지 못하게 하고
자동차 경적 소리조차 들리지 않게 했다

시벨리우스의 유일한 바이올린 협주곡 D단조는
북구적인 정서가 넘치는 그리움과 향수의 노래로
순수한 서정을 담은 아름다운 선율이지만
당시 핀란드는 오랜 세월 러시아 속국이었다

그런 모국에 대한 찬가를 교향시로 작곡했고
국민에 대한 애국적인 국민송가로 저항운동과
독립운동의 전주곡이 되어 그가 고령으로
세상을 떠날 때 국장의 예로 대음악가를 장송했다

다뉴브 강의 푸른 물결

알프스 빙하가 흘러내릴 때마다
요한 스트라우스의 왈츠와 모차르트의
오페라 선율이 다뉴브 강에 물주름을 그린다

기하학적으로 잘 다듬어진 호화로운
쉔부른 궁전의
울창한 나무 사이에는 그리스 로마 신들의
석상이 옛 영광이 그리워
하이든의 교향곡을 듣는 듯 서 있다

황제의 허리띠처럼 황홀한
시간의 문을 들어서면
비극과 희극으로 얼룩진 왕실의 잊혀진 역사가
덧칠되어 한 시대를 뒤흔들었던 거대한 권세와
부귀영화도 허망함을 말하고 있다

강력한 합스부르크 왕가의 '카타콤베*' 가 있고
가장 호화로운 결혼식과
가장 초라한 장례식을 치른
모차르트의 영혼이 숨 쉬고 있는 스테판 성당

아, 온갖 역경 속에서도 낙천적이고 온화한
비엔나 사람들의 웃음소리가
음악처럼, 커피 향처럼
다뉴브 강의 푸른 윤슬을 톡톡 튕길 것 같은
저 숲속의 전원도시를 관통하는
다뉴브 강의 푸른 물결

* 카타콤베 : 초기 기독교 시대의 비밀 지하 묘지. 로마 황제의 기독교 박해를 피해 죽은 사람을 매장하고, 이곳에서 예배를 보기도 했다.
* 오스트리아, 빈(비엔나)에서.

백야 속의 자작나무 숲

카랑한 냉기의 시간을 껴입고 작은 바람에도
춤을 추는 하얀 수피의 자작나무여!
그대가 흔들릴 때마다 기쁨과 절망, 사랑과 이별의
싸한 사연들이 떨어지는데 노동자와 농민이 잘 살 수
있다는 볼셰비키 혁명의 아우성과 울분의 여운이
남아 있는 듯, 크레물린 궁전 위에 새로운 깃발이
펄럭이고 있네, 그대, 아직도 유토피아를 꿈꾸는가

혁명 후 숙청 대상이 되어 부록 같은 삶을 살며
유형의 길을 택한 카츄사를 그리워하던 영화
'닥터 지바고' 의 한 장면이 오버랩되지만
그대, 아직도 가슴 저며 백야 속에서 춤을 추는가

율리시즈 대신 막스 레닌주의에 심취하던 회색빛
파르티잔*의 삶도, 철의 장막도 자유화의 물결 속에
녹아 버렸으니 이젠 환희의 노래를 부르라
그래서 풍운의 수레바퀴 속에 깊이 숨겨 두었던
역사의 한 페이지를 그대의 고운 수피 위에 기록해 다오

아, 부드럽고 어머니처럼 강인하여 너무 슬프고
아름다운 자작나무여! 나도 그대의 여백에 그리움과

사랑을 채우며 함께 춤추며 노래하고 싶구나
가슴 저미던 사랑이 있고 울분의 역사가 있는
백야 속의 자작나무 숲에서…

* 파르티잔 : 빨치산의 어원.
* 러시아 상트베테르부르크(구 레닌그라드) 백야 속에서.

아, 그랜드캐니언

콜로라도 강의 빠른 물살과
그랜드캐니언의 바람은 습자지에
물감이 번지듯 협곡과 그늘을 만들고
또 억겁의 지구의
역사를 켜켜이 기록한 사진첩,
협곡과 골목 자체가 갤러리다
계속된 침식과 풍화작용으로 생긴
수만 개의 분홍색과 크림색, 갈색
돌기둥 후두가 서 있는데 이는
신의 최대 걸작품이다

선사시대부터 이곳에 원주민
인디언들이 살았고 평원을 누비던
그들의 기상과 자유분방함이
생존권을 지키기 위해 미국과 벌인
투쟁이 미국이 동원한 폭력 탄압으로
패배한 것으로 생각된다

머리가 까맣고 몽고반점이 있고,
죽으면 독수리가 되고 싶어 하는
인디언, 그러나 미국은 그들에게

콜로라도 강가에 보호 구역과
경계를 만들어 우리 안에 가둬놓은
짐승처럼 먹을 것만 배급준다

그들의 눈에는 늘 서러움이 가득 차고,
미국에 살고 있으면서
몹시 가난하고 물조차도 귀하게
살아가는 힘든 오지인들이다
그들에게 세상 밖으로 나가 맘대로
일할 수 있는 자유를 준다면,
지금처럼 무의미하고 고단한 삶을
살지 않을 텐데…

러시아 바실리 성당

모스크바 붉은 광장에 있는 러시아 정교회 성당
이반 4세가 200년 이상 러시아를 점령했던 몽골의
카잔 칸을 항복시킨 기념으로 각양각색의 색채와
높낮이와 모양이 다른 9개의 양파형 돔 지붕으로
동화 속의 궁전 같은 작품을 지었다

성당의 내부도 독특하고 화려하지만 붉은 벽돌로
만들어진 크렘린 궁전에서 흘러나오는 불빛과
붉은 광장에 비치는 불빛 사이로 보이는 바실리
성당의 실루엣은 경이롭고 색채감의 예술 작품이다
러시아 양식과 비잔틴 양식의 혼합물로 슬라브족
정신과 문화를 가리는 상징물, 목공예와 석공예술품,
가장 러시아적 미며 세계적인 건축물이다

바실리 성당 정문에서 보이는 크렘린 궁전과
죽어서 미라로 누워 있는 레닌은 마르크스주의자다
결국 프롤레타리아와 부르주아
계급 투쟁으로 러시아 공산당을 창설,
10월 혁명을 지도한, 소련 최초의 국가원수다

그리스, 산토리니 섬

해질 무렵 햇살의 각도에 따라 노을색을
둘둘 말아서 하얀 지붕 위에 흩뿌리는,
파스텔톤 그림 같은 그리스, 산토리니 섬

수천 년 역사를 지닌 이 섬에 온 여행자들은
흰 담벼락 계단에 걸터앉아 그리스 신화 속의
신들이 영원히 살 것 같은, 노을에 비낀 마을을
바라보며 에게 해로 떨어지는 햇덩이에게
변치 않을 사랑을 맹세하며 조용히 말을 건다

까마아득한 절벽 위의 하얀 집들은 블록처럼
층층이 겹쳐 있고 미로 같은 좁은 골목으로 낙타
타고 올라가면 지난 시간들을 실에 꿰어 놓은
동화 같은 하얀 집들이 서로 어깨를 디디고 서 있다

섬 전체가 그리스 정교회처럼 파란 지붕 수십 개가
퍼즐 페인팅 유화처럼 마을을 아름답게 수놓고,
십자가가 위엄을 토하는 한 장의 그림엽서 닮았다
밤이 되면 여러 장르의 음악으로 출렁거리지만
화산 폭발로 생긴 이 섬을 에게 해의 폼페이라 한다

캐나다의 부차드 가든

벤쿠버에서 페리로 1시간 20분 걸리는,
캐나다에서 가장 기후가 온화한 빅토리아 섬,
채굴이 끝난 황폐한 채석장을
정원으로 가꾸기 위해
부차드 부부는 전 세계 꽃과
식물을 수집, 보석처럼
다듬어 영국 왕실의 정원을
그대로 옮겨 놓은 듯하다

꽃들은 유전자 변형으로 만들어
크고 화려하지만
땅에 심은 꽃보다 벽에 걸려 있는 꽃들이
더 아름답다
청정 자연 속에 눈부신 햇살과
따뜻한 바람이 온 몸으로
스며들어 가는 곳마다
그림 같은 풍경이 싱그럽다

100년째 되던 해
캐나다 국립 역사 유적지로 선정, 국가의 지원을 받으며
전체 면적을 크게 확장했다

최근엔 1년에 100만 명이 넘는
관광객이 찾아 들고 주말이면 불꽃놀이,
겨울에는 빛의 축제가 열린다
부차드 손주가 이탈리아에서 들여온
청동 멧돼지 '타카' 가 복스런 콧등을
내밀어 어루만지는 손길에
소원이 이루어진다는 소문에
세계인의 걸음을 멈추게 한다

108년의 역사를 가진 부차드 가든은
우리나라 외도나
아침고요수목원을 벤치마킹했는지
많이 닮아 있어 아름다운
꽃길을 걸으며 요정이 살 것 같은
멋진 풍경을 맛보게 한다

김연옥 이미지즘시 (Imagism Poetry) 미학

— 김연옥 시집 『어머니의 감자꽃』 평설(評說)

石蘭史 이 수 화

(국제펜클럽 · 한국문인협회 원임부이사장, 한국문학비평가협회 회장)

김연옥 시인의 시는 이미지즘시(Imagism Poetry), 즉 사물시(事物詩, Physical Poetry) 세계의 미학을 구현한다. 물질시(物質詩)로 번역되는 이 이미지즘시 유파는 1909년 런던에서 T.E.흄과 파운드를 중심으로 시작되었다.

흄은 그의 시론(詩論)에서 고담(枯淡)하고 정확한 이미지의 시를 주장하며 "사물의 정확한 윤곽을 얻기 위해서는 시각적(視覺的) 이미지를 사용해야 한다."고 역설했다. 시는 결국 이미지와 메타포에 의해 언어로 표현하는 것인데, 사물이든 마음 속의 사상(思想)이든 그것을 이미지나 메타포로 바꾸어 놓음으로써 의미의 정확한 전달이 가능하다는 것이다. 파운드의 경우도 이른바 이미지즘시를 언어로 그린 그림(繪畫)이라는 말처럼 '은유의 그림(Picture of Metaphor)'의 멋과 선명한 시각적(視覺的) 이미지 미학을 강조했다. 이와 같은 이미지즘시가 이른바 현대시(現代詩)라는 이름으로 한국에 유입되어 김기림(金起林), 정지용(鄭芝溶), 김광균(金光均)이 이미지즘시 꽃을 피우고 8 · 15, 6 · 25 전후를 거쳐 오늘 한국 현대시 일백년, 많은 유파 중에 이미지즘시는 지금 이곳 김연옥 시에서 또 다른 특성의 '은유의 그림'으로 피어나고 있다고 본다.

길게 꽃대를 쳐들고 하얀색, 보라색의
뭇별처럼 흩어지며 여름을 부르는 감자꽃
그러나 밭고랑을 덮어 버린 감자 줄기 속에서
어머니의 푸념소리가 어렴풋이 들리네

무상몰수 무상분배의 원칙에 따라 무조건
부르주아를 핍박하던 프롤레타리아의 서슬 퍼런,
그 빨간 완장의 공포는 아버지와의 별리의 서곡이었네

예기지 못한 이별의 허기진 사랑은 감자 뿌리에
부토처럼 쌓여 응어리로 알알이 매달리고
저 불같은 분노는 가장 낮은 저음으로 삭이며
생감자로 그리움과 허기를 채우던 아리고 저린 세월

감자꽃 필 때마다 아프고 쓰린 상처가 자꾸 도지고
잠별하게 가슴이 후벼 와 바람 부는 오솔길에서
찬란하던 사랑의 추억에 속눈썹을 적시던 어머니

그러나 아직도 한 용광로에서 용해되지 못하고
각가의 원소로 목소리만 높이는 좌익과 우익,
긴 시간의 터널 속으로 들려오는 어머니의 한숨소리

—「어머니의 감자꽃」 전문

총 5개연 17행에 제시해 놓은 예시(例詩)의 이미저리는 1연에 밭고랑을 덮은 감자꽃 줄기 속에서 들리는 어머니 푸념소리를 듣는데, 그것은 제2연에 보이듯 아버지와 별리(別離)를 부른 프롤레타리아 서슬 퍼런 붉은 완장 때문이었음이 제시되고 있다. 그리고 그 때문에 분노를 삭이며 생감자로 굶주림을 견디던 제3스탠자의 고난의 세월, 제4스탠자의 그로 인한 어머니의 고난 속 추억의 눈물, 그리하여 최종연에 제시되고 있는 좌익과 우익의 긴 시간의 터널 속 어머니의 한숨소리도 되어 있는 바, 이 시가 화자의 생생한 기억(어머니의 추억의 반영)의 비극적 파노라마(그림)의 이미저리 비극 점묘라는 점에서 흄 일파가 주창한 이미지즘시 자질을 충실하게 구현한 텍스트가 아닌가 한다. 그것은 첫 스탠자 후말연에 "밭고랑을 덮어버린 감자 줄기 속에서/ 어머니의 푸념소리가 어렴풋이 들린다"는 메타포 비극 이미저리군(群)의 형이상학파시(形而上學派詩) 컨시이트(Concnit, 奇想)가 극명하게 보여주는 바와 같다. 특히 예시의 화자가 제시하고 있는 편내용주의(偏內容主義) 은유성 이미지는 그 리얼리티가 극사실을 넘어 화자의 아버지와의 비극적 별리가 되어 어머니에게까지 평생을 트라우마로(그리움의 아픔) 작용하고 있는 바가 시집 비극적 주선율을 이루고 있는 것이다. 바로 비장미(悲壯美)의 이미지즘시 미학 형상화 기법 소산일 터이다.

노란 고리 띠 두른 긴 다리로
자일을 타듯 허공을 오르내리며
비단실로 말굽형 입체 그물을 짠다
마치 베틀에서 씨줄과 날줄을 꼬아서
신들의 모습을 비단에 짜 넣던
아라크네의 야무진 솜씨처럼

평생 뜯어 먹고도 남을 시신들을
그물에 주렁주렁 매달아 놓고
억울하게 죽어 간 영에 저지른
업보를 달래기 위해 작두 탄 무당처럼
평생 춤을 추는 무당거미의 운명

그러나 비 오는 날 거미의 오두막에
걸려 있는 보석 같은 빗방울,
백작의 성채가 부럽지 않은 화려한
궁전이지만 접착력이 떨어진 오두막이
무너질까 두려워 진종일 빗방울을
걷어내며 리모델링 작업을 한다

—「무당거미」 전문

예시(例詩)의 메타 텍스트(詩題)를 포함한 제시된 텍스트의 '무당거미'는 텍스트의 지배적 이미저리를 대신하는 이른바 객관적 상관물로써 엘리어트가 17세기 영국의 존 던 일파의 형이상학파시가 긴요하게 여기는 컨시이트(Concnit, 奇想) 이미지다. 이와 같은 기상 이미지의 객관적 상관물 역할을 누구보다도 잘 인식하고 있는 시인은 이 텍스트 프레임 속에서 한 걸음 더 나아가 여기에 형이상학파의 비유법, 극적 장면(1연 아라크네의 야무진 솜씨; 거미줄 짜기), 2연의 "작두 탄 무당처럼/ 평생 춤을 추는 무당거미의 운명", 최종연 후말 2행의 "진종일 빗방울을/ 걷어내며 리모델링 작업을 한다"는 무당거미의 의인법 이미저리를 제시해 반어적(역설적) 아름다움을 은유미학 이미지즘 표상성을 형상화하고 있다. 김연옥 시법의 특이한 암시적 방법, 즉 악마적 심상(惡魔的 心想, Demonic Imagery)으로 제시된 이미저리의 예술미를 우리에게 각인시켜 주는 것이다. 이러한 악마적 이미지인 무당거미의 역설미를 통해 시인은 우리에게 어둡고 불길하며 불안한 의식세계에 청랑(晴朗), 조화(調和), 평정(平靜)의 상태를 회복시켜 준다. 이는 화자가 저 「어머니의 감자꽃」에서 어머니가 프롤레타리아 붉은 완장이 가져온 폭력 앞에 남편(화자에겐 아버지)을 잃고 평생을 아파야 하는 비장미를 앓아오는 트라우마(심리적)의 총체적 이미지즘시 실상인 것이다. 다음 텍스트 「개망초」에서 우리는 시인의 역설적인 무산계급(프롤레타리아), 즉 연민 어린 은유의 그림(Picture of Metaphor) 그 역설미를 보게 된다.

온 들녘에 하얀 카펫을
펼쳐놓고 바람을 베고 누운
야만스런 개망초

아무 곳에나 구긴 잠을 자고
발길에 짓밟혀도 꽃잎마다
깃을 세우며 클로버 옆에서
머리 곱게 빗겨주는 끈질긴 미련

키들대는 화려한 꽃들의
잔인한 비웃음에 넉살 좋게
별꽃이라 우기며 슬픔을 지우는
개망초는 무산계급

비 오는 날 서러운 꿈 쓸어 담으며
꽃밭으로 내려오는 비천한 삶이지만
벌, 나비들에게 꽃향기 사연을
전해주며 하얗게 웃는다

―「개망초」 전문

예시(例詩)에 보이는 첫째 스탠자 후말연의 "야만스런 개망초" 제2스탠자의 "클로버 옆에서/ 머리 곱게 빗겨주는(개망초)", 제3연의 "별꽃이라 우기며 슬픔을 지우는" 무산계급 개망초, 제4연의 비천한 삶의 개망초는 우리에게 인간의 온갖 비천함을 극복해내는 개망초의 삶의 인간 존재의 한계성을 뛰어넘는 인간만의 자비로움과 측은지심을 불러일으키는 객관적 상관물이다. 시인은 이 객관적 상관물이 표상하는 온갖 무산계급(1연~4연까지 그 요소(요체)들이 골고루 제시되어 있다)의 비천함을 이른바 저 '은유의 그림(이미지즘)' 을 통해 독자로 하여금 그 존재론적 비극성을 인식하게 제시한다. 그럼에도 그것이 비참함의 극대화가 아닌 측은미를 노정하고 있는 것은 바로 시인의 뛰어난 오성(悟性), 쉽게 말해 존재론적 통찰력 소산이다. 화자는 역사주의 비평안으로 보았을 때, 그는 과거 무산계급 프롤레타리아(붉은 완장)의 핍박으로 부모이산(父母離散) 가족의 비극을 트라우마로(어머니처럼) 앓고 살아오는 사람 중의 하나다.(시 「어머니의 감자꽃」 참조) 이와 같이 무산계급으로 전락한 개망초의 비참한 삶을 회복하는 심리적 기제가 다름 아닌 신분 상승의 존재론적 인간 개혁이다. 시 「개망초」에 그려지고 있는 개망초의 측은미는 바로 시인의 시정신의 한 물결인 2성, 즉 우리 인간의 사단칠정(四端七情)의 본성 중 하나인 '인자함' 이다. 시인의 이 인의예지(仁義禮智) 중 인자함[仁]은 예시에서 측은지심(惻隱之心, 불쌍하고 가엾음)으로 작용한다. 인간의 고급한 정서인 오성(悟性)은 대상의 불쌍하고 가엾은 정황을 이해하여 측은지심을 발동하고 그로부터 인자함이 작동하는 것이 바로 인지상정이라는 것이다. 시인이 개망초를 무산계급으로 파악하고 그 무산계급인 개망초에게서 무산계급의 잔혹성이나 프롤레타리아 계급투쟁의식의 개혁 정신으로 돌아서게 된 데에는 저러한 동양정신인 성리학의 아름다운 인의심(仁義心, 측은지심)에서 싹튼 정황(정조(情操))이 발현했기 때문이다. 시인의 교양이 서구 이미지즘시 개척자이자 동양정신 문화의 선구자 에즈라 파운드가 중국 한문시에서 이미지즘시의 간결성, 이미지 형상성을 배운 일과 일맥상통하는 일이 아닌가 한다.

어쨌든 시인은 시 「개망초」의 동양적 측은지심을 회복하여(어머니의 트라우마) 이미지즘시 은유미학의 구현을 위한 적극적인 스탠스(Stance)로 자리 잡는다. 그것의 이념적인 정신 의지는 그 어떤 억압이나 정치공학적 이데올로기가 아닌 순수 의지의 자유, 음악의 상태처럼 천의무봉한 자유로움이다. 시인의 이미지즘시 기법이 은유의 그림임을 역설하는 영원한 성운(星雲)과 같은 아름다운 세계일 터이고, 진정성의 예술가로부터 태어나는 세계상(世界像)일 터이다.

거듭 말해 김연옥 시인과 같은 예술가의 시는 그것이 내포하는 시의 내연(來演)의 폭과 깊이에 따라 그 마음의 혼란을 잠재우는 질서 회복 작용이 심대하여 우리에게 평정(平靜)과,

아 레몬향기 같은 상큼한 아침
상아빛 피아노 건반 위로
속도를 내며 달려가는 음표마다
커피 향으로 톡톡 튕기고

창밖의 초록 잎들은
연서가 되어 창을 두드린다
희뿌연 베일 속에서
고개 쳐드는 눈부신 햇살

파스텔톤 투망으로
건져 올린 아침 벽을
무지개색으로 붓질한다

—「아침 스케치」 3~4연

—에서처럼 마음과 사물 사이의 아름다운 조화(調和)를 맺어준다.

허공을 부여안고 목놓아 부르는
매미의 노래는 집시의 바이올린
연주보다 더 서글퍼 새들도
어디로 날아갔는지 조용하다

단 15일간의 사랑을 위해 목숨을 건
저 처절한 울부짖음은 오가는
자동차 매연과 경적소리에도
아랑곳없이 한 옥타브씩 높아가는 음계
꼭 짝을 만나야 저승에 갈 수 있다는
절박함, 그것은 숙명적인 삶의 질주다

저토록 소름이 돋게 부르는 역동적인
노래는 슈만의 제3교향곡 중 제1장
알레그로 비바체를 연주하는 듯하다
알레그로 비바체! Allero Vivace

—「매미의 노래」 전문

예시에 보이는 매미의 운명적인 삶과 죽음의 비장미는 슈만의 콘체르토 제1장의 알레그로 비바체의 음률처럼 처절한 울부짖음이 된다. 이때 시인의 음악만이 표현할 수 있는 경지는 거의 절대적이다. 프랑스 상징파 시인들은 시가음악을 지향하고 그 음악의 상대의 막연하고 추상적인 경지로 독자를 끌고 가려고 했지만 엘리어트는 시가 음악의 상태에 도달하는 것은 시의 멸망이라고 생각했다. 그것은 즉 시가 순수 추상의 무(無)의 경지로 가면 아무것도 아닌 상태가 되므로 엘리어트는 음악 대신 말라르메 등이 쓴 암시의 방법을 썼던 것이다. 그리고 음악시를 무의미시라고 비판하고 시의 암시(暗示, Suggestiveness)를 중요한 방법으로 사용했던 것이다. 김연옥의 예시에 슈만 제3교향곡 활용은 그의 이미지즘시(예시) 제2스탠자 전체 6행과 후말 제3스탠자의 클라이맥스 시상의 상승과 하강(3연 후말) 6행과 후말 제3스탠자의 숨고르기 멜로디에 해당한다. 시의 의미보다 시의 배경 음악에 더 관련된 음악성의 배려가 아닌가 한다. 나로서는 매우 적절한 시인(김연옥)의 테크닉이라고 본다.(다음 3개 예시 행두 번호는 평설용임.)

① 겨우내 움츠렸던 묵은 숨 토해내며
연둣빛 노래를 부르는 청보리밭
아직도 희끔한 잔설을 품은 봄을 끌고 온
종다리, 까투리도 보리밭 이랑에
사랑을 펼쳐 놓는다

소매 끝으로 스미는 찬바람에도
초록빛 물결처럼 일렁이는 끝없이 펼쳐진
저 지평선, 반 고흐의 '보리밭' 그림보다
더 목가적인 풍경화다

그러나 꼬깃꼬깃 접힌 세월의 한 자락을
펼치면 긁어내어도 핏물만 흥건한
따개비 같은 보릿고개
흑인 영가처럼 뼛속까지 전율하던
보리피리의 슬픔도 길고 험난한 여정 끝에
풍요로운 추억의 향기가 되었다네

그대여, 꿈이 익어 가는 청보리밭을 밟아 보자
그래서 가슴 찌르던 사금파리 조각들을
훠이 훠이 던지며 활짝 웃는 할머니의
냉이 바구니 속에 먼저 찾아 온
봄 향기와 아지랑이에 눈 시려 보자

—「청보리밭」 전문

② 밤새껏 뒤척이며, 늪 밑바닥에서
수런거리는 숱한 겨울이야기들,
물안개로 보풀보풀 피어오른다

이른 새벽 희뿌연 장막 속에서
마법에 걸린 듯 바람의 원을 그리며
긴 장대로 늪 바닥을 밀고 훑으며
고기를 잡는 어부의 실루엣,

마법 부채를 쥐락펴락하며
새벽 공기를 가르는 질서정연한
저 철새들의 비상을 보라
어느 화가의 붓끝에서 저리도
몽환적인 수묵화가 그려지겠는가

점차 잦아드는 안개방울 방울,
앙상한 나뭇가지의
회백색 여백을 눈꽃으로 채우고
시간마저 LP판처럼 느리게 돌아가며
겨울 서정을 그리는 원시의 우포늪

아, 이 경이롭고 벅찬 설레임을
한 움큼씩 추억으로 방목해놓고
태고의 숨결, 우포늪의 한 모서리에서
그대로 풍경이 되고 싶다

—「물안개 되는 우포늪」 전문

③ 꽃향기가 안개처럼 대지를 덮어버리는
이맘때가 되면 오래 전에 비워버린
망각의 잔에 다시 보랏빛 그리움이 넘쳐
등나무 시렁 아래로 마구 흘러내린다

바람에 들뜬 꽃송이들이 연주하는
소나타의 선율은 묵은 포도주처럼 곰삭아,
마음의 빗장마저 녹이 슬어버린 내 가슴을
이렇게 터질 듯 설레게 하는데

그대여, 저렇게 그리움과 그리움이 포개져
쉼표 없는 악보처럼 오른쪽으로만 감겨
올라가는 건 이루지 못한 사랑 때문이 아닐까

어긋나기만 해서 늘 아쉽던 우리의 지난 사랑도
숨 막히는 저 위스테리아 향기 속에 걸어 둔다면
잃어버린 시간의 강을 다시 건널 수 있을까

그러나 겸양의 미덕을 쌓은 듯 아래로만
고개 숙이는 등꽃의 무언의 가르침에
우리도 욕망과 아쉬움을 모두 털어내고
낮은 자세로, 그렇게, 그렇게 살아야겠지

—「등꽃이 필 때면」 전문

예시 ①, ②, ③은 ①이 리리시즘 시, ②가 관념시(觀念詩, Platonic Poetry), ③이 이미지즘시로 각기 특성을 보이고 있어 나란히 병렬해 살펴보고자 한다.

①「청보리밭」이 서정시의 자질로 가득찬 내용을 보면, 전통 서정시가의 맨 처음 떠올릴 수 있는 전원(田園)으로서의 아름다운 시적 공간이 그려지고 있고, 비록 과거 슬픈 보릿고개의 비극적 이미지가 어릿거리지만 청보리밭 자연은 세월이 흘러 크게 변함이 없어 강렬한 주제가 제시될 여지가 없는 소박한 자유시 리듬에 조용하고 평화로울 뿐이다. 시인이 무작위로 작정해 놓고 쓴 서정시의 전형일 터이다. 예시 ②「물안개 되는 우포늪」은 관념시다. 랜섬이 형이상학파시(形而上學派詩)에 반대되는 시들을 물

질시(物質詩)와 관념시(觀念詩)로 나누었는데 예시 ②「물안개 되는 우포늪」이 바로 랜섬의 분류에 따른 관념시로서 시의 이상적(理想的)인 상태인 형이상학파시와 대조시킨 것이다.

그리고 예시 ③「등꽃이 필 때면」은 그 형이상학파시 자질로 보아 우선 후말연에 보이는 “그러나 겸양의 미덕을 쌓은 듯 아래로만/ 고개 숙이는 등꽃의 무언의 가르침에/ 우리도 욕망과 아쉬움을 모두 털어내고/ 낮은 자세로, 그렇게, 그렇게 살아야겠지”와 같은 풍부한 연상(聯想)에 내포된 소박 · 우아한 순수 이미저리들이다. 꽃향기가 안개처럼 대지를 덮어버리는 망각의 잔에 다시 보랏빛 사랑이 등나무 아래로 마구 흘러내리는 시인의 사랑은 천국에서의 사랑처럼 신비롭고 엄숙하고 평온한 상태에 있는 것을 보여주는데 이와 같은 시인의 경험의 의미는 기상적 비유(奇想的 比喩, Conceit)와 같은 형이상학파시 전가의 보도를 굳이 개입시키지 않아도 이른바 시의 이상적(理想的) 상태를 남김없이 과시할 수 있는 것이다.

이로써 시인은 저 프롤레타리아 무산계급의 역사적(가족사적) 핍박으로 부모들의 비극적 이산(離散)의 트라우마를 공유하면서 그 비장미의 문학(시)적 극복을 통해 이 시집 발군의 형상미를 획득하고 있으며 형이상학파시의 미학적 형상화까지 획득하고 있음을 보았다. 그리하여 이제 김연옥 시가 이미지즘시의 천의무봉한 이미저리와 형이상학파시의 청랑(晴朗) · 조화(調和) · 평정(平靜)의 삶이 가능케 하는 시의 이상적(理想的) 요소가 융합된 시세계로 진입한 그의 새로운 시지평(詩地平)을 우리는 새삼 가슴 환하게 열고 전망하기에 이르렀다. 그 아름다운 김연옥 시의 이상태(理想態)를 본다.

언제나 대문 위에 다소곳이
앉아 있는 빨간 나무 우체통
오늘도 정겨운 편지 한 통 없이
돈 내라는 불청객 고지서만
빈 가슴에 차곡차곡 쌓인다

어느새 봄도 떠나는데
꽃잎 한 장 붙인
그리운 편지는 안 오고
허공에서 유선을 탄 디지털
메일만 고개 쳐들고 비웃는다

아, 우체통은 날마다 속앓이를
해서 저리도 빨간색일까
비가 추적추적 내리는 날
겉봉을 쓰고 우표 옆에
붓꽃잎 한 장 붙여
그리운 친구들에게 보내고 싶다

―「대문 앞 작은 우체통」 전문

이제 시인은 반세기도 더 전에 겪었던 빨간 나무 우체통의 상징 이미저리(프롤레타리아 무산계급)가

불러다주는 연상 이미지(상상력)의 핍박을 아직도 아픈 트라우마로 간직한 채 그 시절 헤어진 그리운 편지(디지털 메일의 비웃음 속)를 기다린다. 그 애타는 속앓이 때문에 우체통이 새빨간 색일까 아프게 생각해 보는 화자의 감정은 너무나도 애절한 편지 내용[이산가족(離散家族)]—프롤레타리아 상징 색깔인 빨간색이 가져다 주는 트라우마(화자는 그 빨간 프롤레타리아의 폭압에 부모의 이산 비극과 스스로도 연루된 과거 가족사)일 터이다. 이는 시인(화자)만의 비극이 아니라는 점에서 시인의 시는 감정(비극)과 사상(思想)을 따로따로 분리해 축축하고 서러운 낭만주의 시(詩)나, 인간중심주의 휴머니즘 시에 매달리지 않는다. 엘리어트와 같이 그 사상(思想)과 감정(感情)이 하나로 통합된 감수성의 위일융합된 이미지즘시와 형이상학파시 구현의 미학 형상화를 추구해온 이 거룩함의 사화집 김연옥 시집 탄생에 그 어떤 아름다운 말의 어거사(馭車辭)로 피리어드를 찍어야 할지 눈앞이 다 먹먹해진다.

문학세계대표작가선 802

어머니의 감자꽃

김연옥 시집

인쇄 1판 1쇄 2017년 2월 16일
발행 1판 1쇄 2017년 2월 23일

지 은 이 : 김연옥
펴 낸 이 : 김천우
펴 낸 곳 : 도서출판 천우
등 록 : 1992. 2. 15. 제1-1307호
주 소 : 서울시 성동구 무학봉28길 6 금용빌딩 2F
전 화 : 02)2298-7661
팩 스 : 02)2298-7665
http://www.moonhaknet.com
E-mail : chunwo@hanmail.net

값 12,000원

ISBN 978-89-7954-663-7

이 도서의 국립중앙도서관 출판예정도서목록(CIP)은 서지정보유통지원시스템 홈페이지(http://seoji.nl.go.kr)와 국가자료공동목록시스템(http://www.nl.go.kr/kolisnet)에서 이용하실 수 있습니다. (CIP제어번호: CIP2017004334)